Einstern

Mathematik für Grundschulkinder

1

Themenheft 3

Zahlen und Operationen
Die Zahlen bis 20
Verdoppeln und Halbieren
Verwandte Aufgaben

Raum und Form

Erarbeitet von
Roland Bauer
Jutta Maurach

In Zusammenarbeit
mit der
Cornelsen Redaktion
Grundschule

Cornelsen

Inhaltsverzeichnis

Geometrische Muster

★ Pflichtseiten

✺ Wahlseiten

✋ Handlungshinweis

 besprechen mit einem Partner

besprechen in der Gruppe
Weitere Hinweise für die Lehrkraft befinden sich
auf der hinteren (inneren) Umschlagseite.

Aufgaben mit unterschiedlichen Anforderungsniveaus:

① ausrechnen, ausführen, wiedergeben

① erkennen, fortsetzen, anwenden

① Lösungswege selbst entwickeln, darstellen, begründen und übertragen

☐ Feld zum Markieren erledigter Aufgaben

... und ich helfe dir:

schreiben   überlegen   zeichnen   erkennen

1

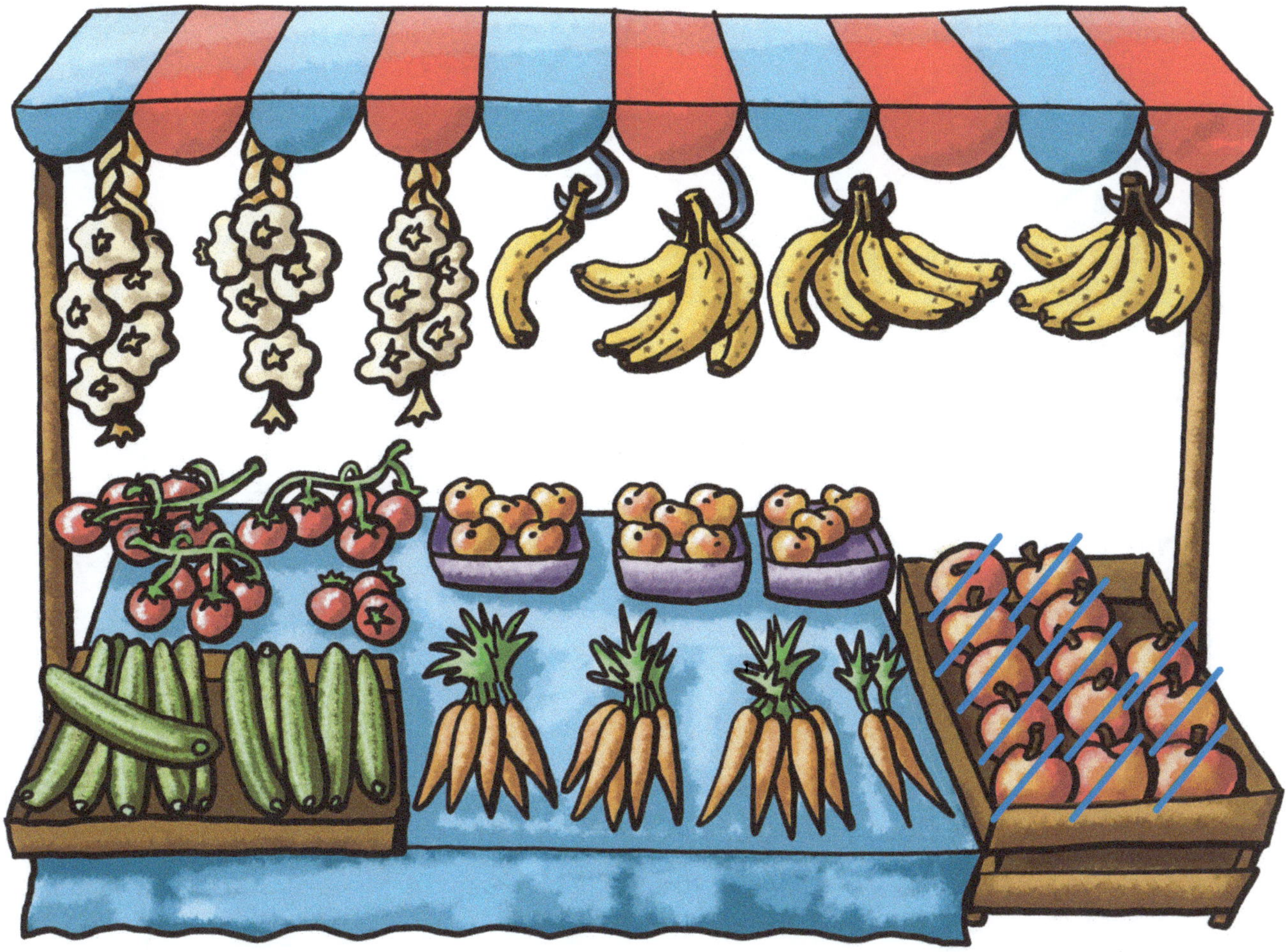

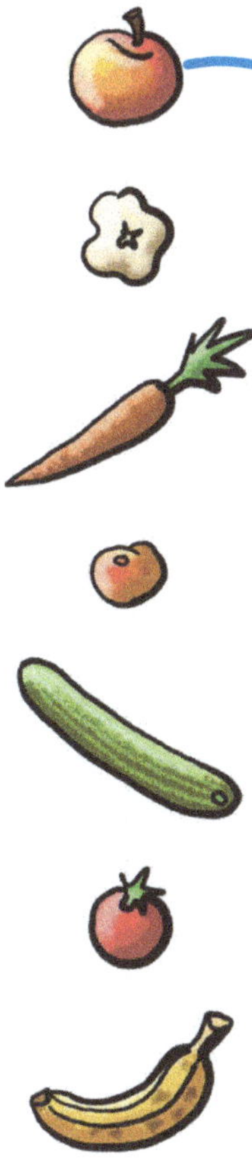

16

13

14

15

17

18

11

* erkennen die Bedeutung von Zahlen als Mächtigkeit von Mengen
* nutzen planvoll und systematisch die 5er- und 10er-Struktur durch Bündelung bei der Strichlistennotation
* übertragen bekannte Vorgehensweisen auf den erweiterten Zahlenraum

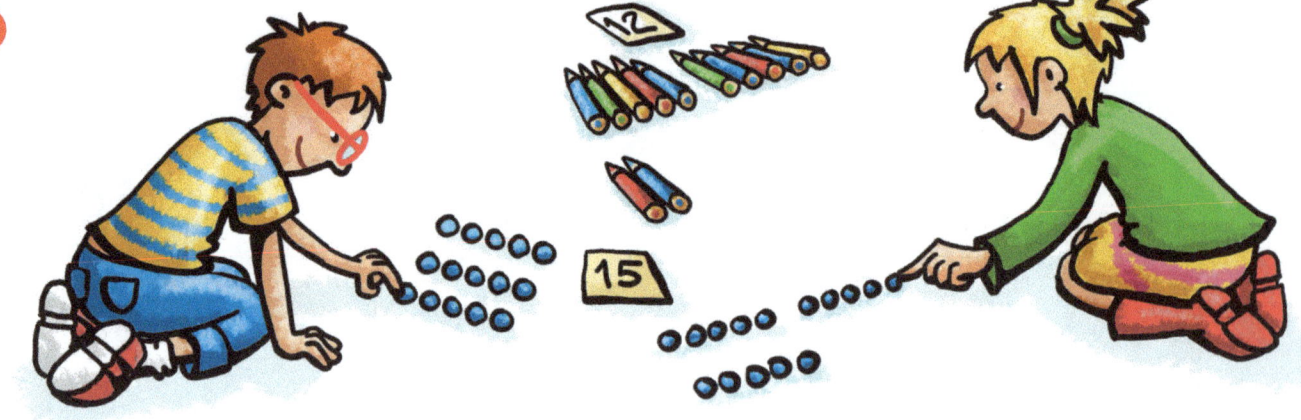

12

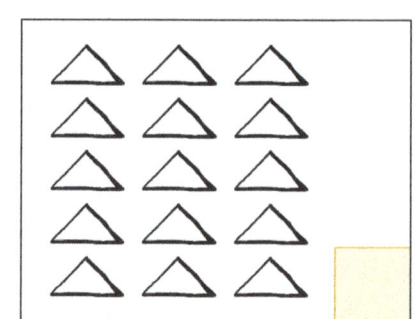

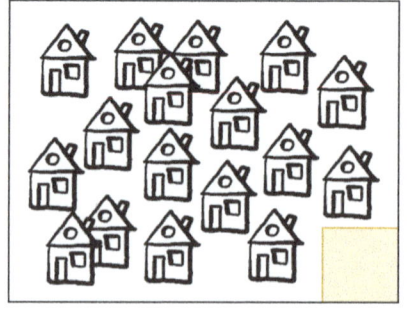

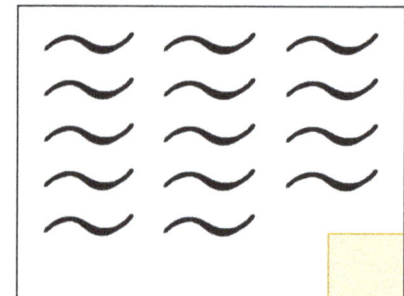

★ erkennen und nutzen die 5er- und 10er-Struktur, um Mengen schnell zu erfassen
★ erläutern Gemeinsamkeiten und Unterschiede von Zahldarstellungen an Beispielen

 1

2

14

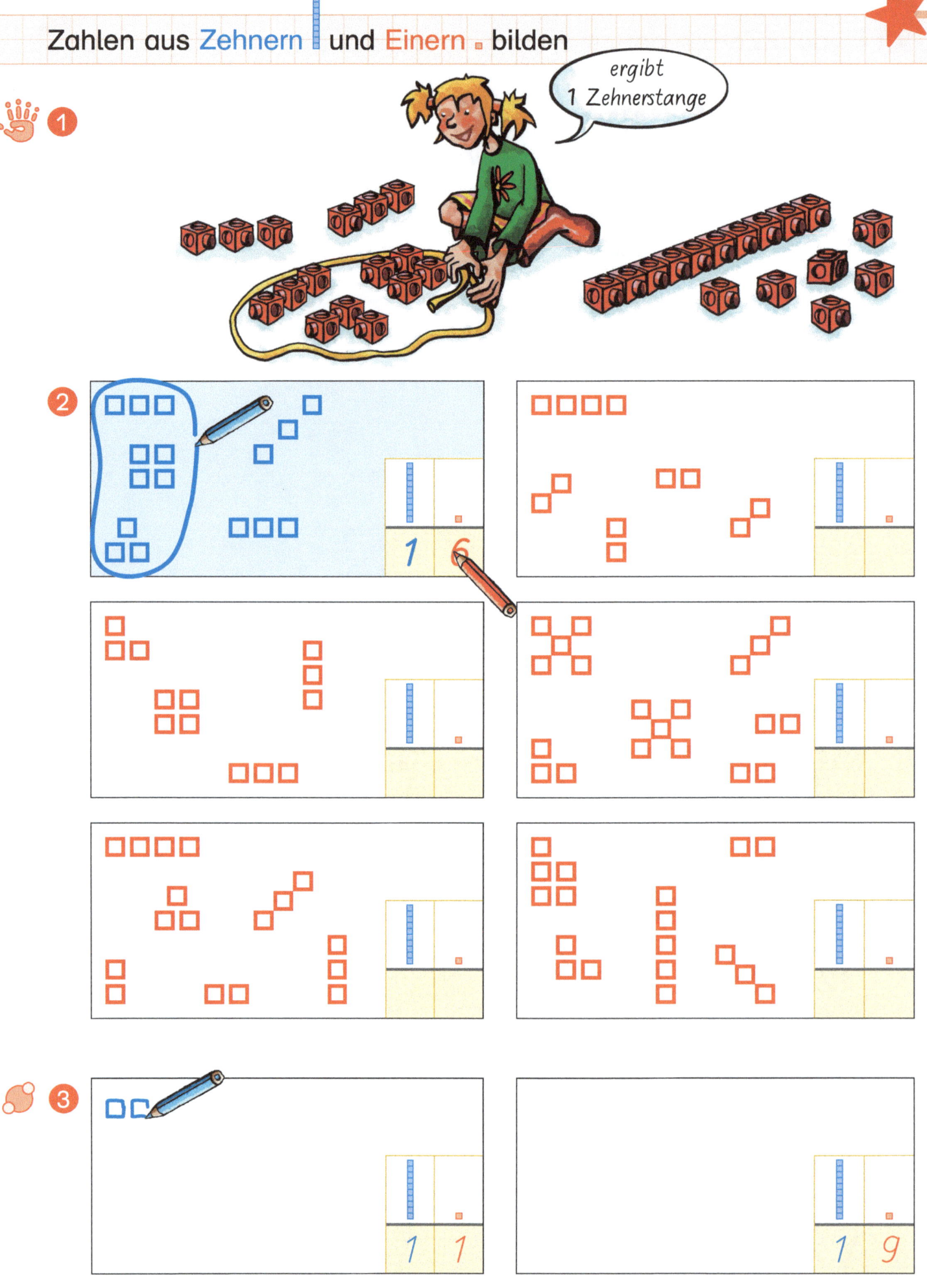

ergibt
1 Zehnerstange

★ nutzen planvoll und systematisch die Struktur des Zehnersystems (Bündelung, Stellenwert)
★ führen Zahldarstellungen ineinander über

 1

2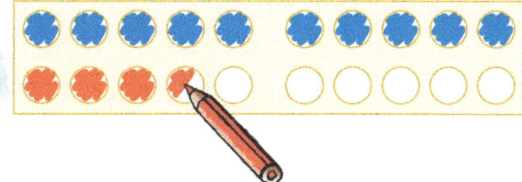

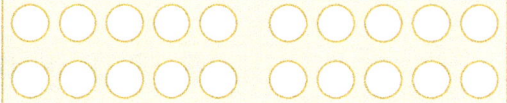

★ erkennen und nutzen die 5er- und 10er-Struktur (Zwanzigerfeld)
★ führen Zahldarstellungen ineinander über
★ übertragen bekannte Vorgehensweisen auf den erweiterten Zahlenraum

Zehner und Einer zusammenfügen

1

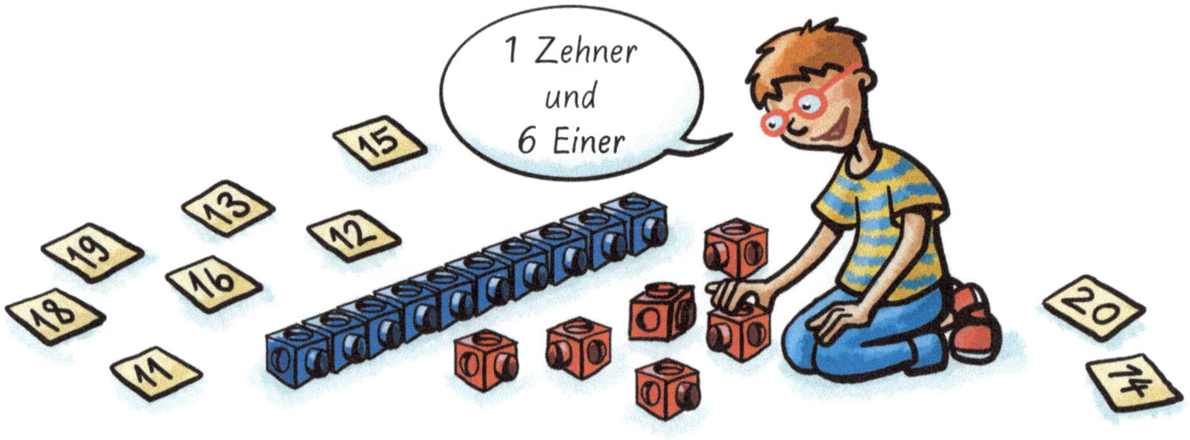
1 Zehner
und
6 Einer
15
13
19
12
16
18
11
20
14

2

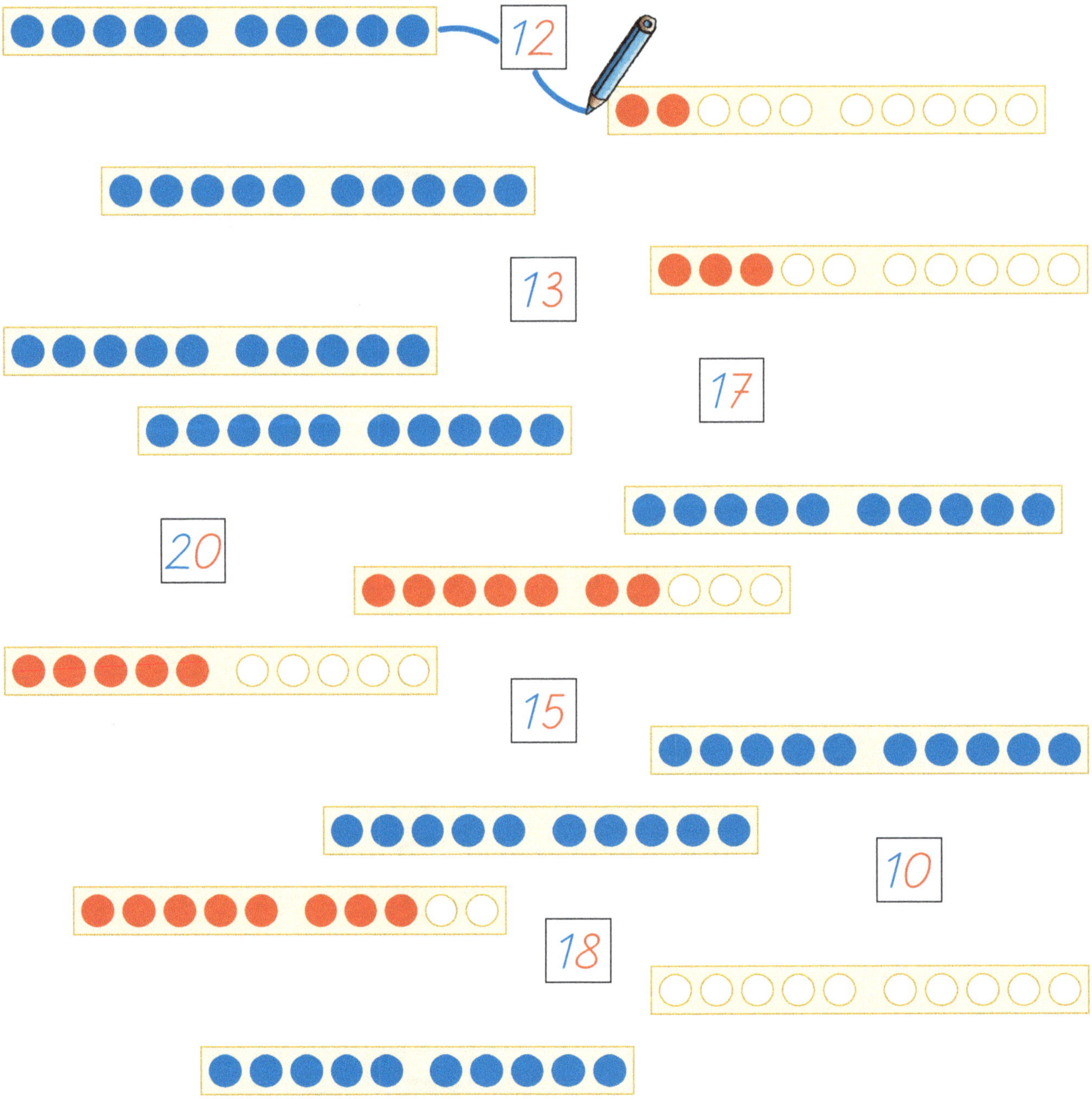
12
13
17
20
15
10
18

⋆ nutzen Strukturen des Zehnersystems für die Stellenwertschreibweise
⋆ führen Zahldarstellungen ineinander über

Mit Zehnern und Einern Zahlen bilden

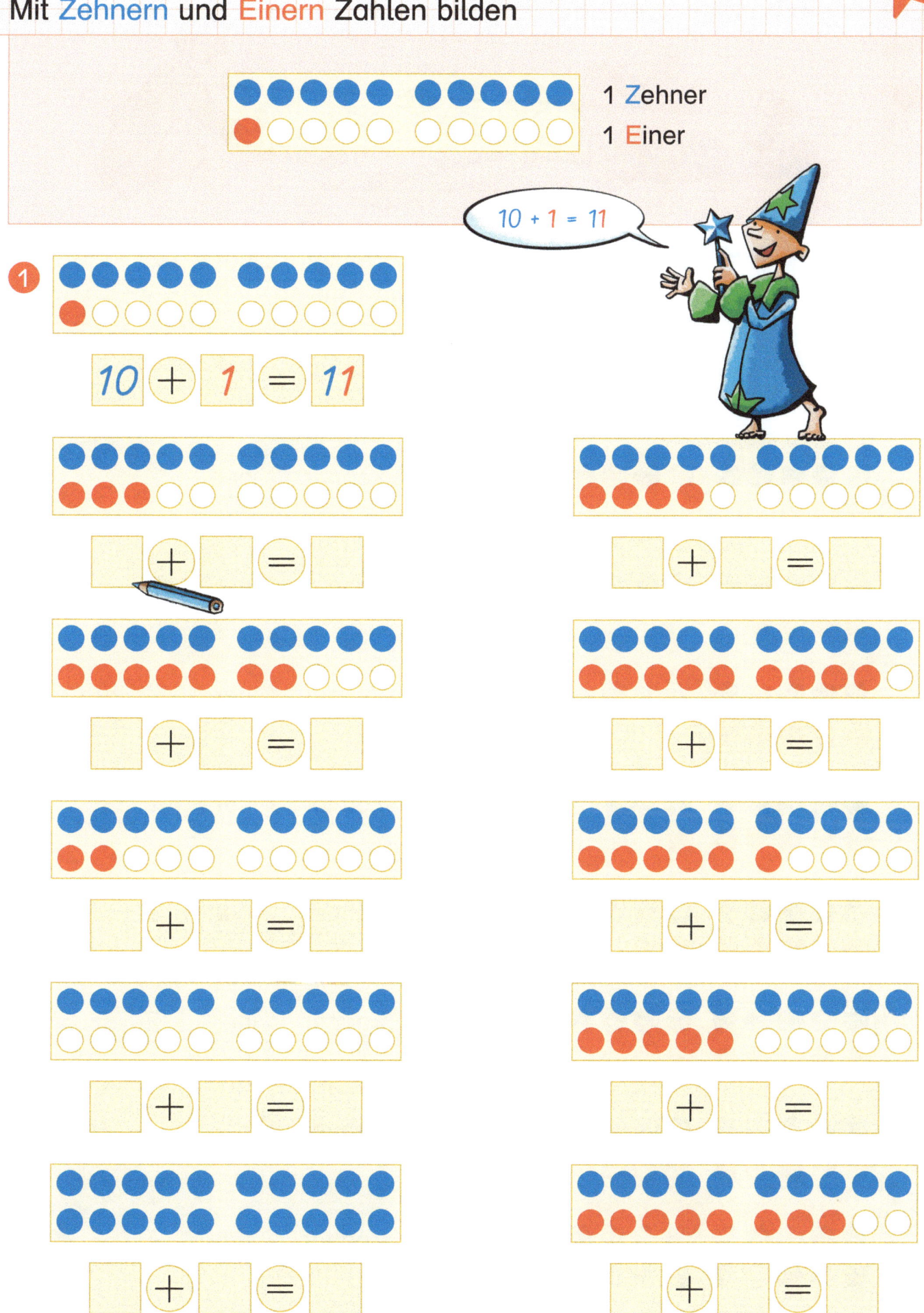

1 Zehner
1 Einer

10 + 1 = 11

1

10 + 1 = 11

+ =

+ =

+ =

+ =

+ =

+ =

+ =

+ =

+ =

+ =

+ =

+ =

+ =

★ finden zu gegebenen mathematischen Modellen (Punktebilder) passende Aufgaben
★ übertragen eine Darstellung in eine andere

11

2

	Zehner	Einer	Z	E	
1 Zehner / 1 Einer	1	1	1	1	11
1 Zehner / 2 Einer					
1 Zehner / 3 Einer					
1 Zehner / 4 Einer					
1 Zehner / 5 Einer					
1 Zehner / 6 Einer					
1 Zehner / 7 Einer					
1 Zehner / 8 Einer					
1 Zehner / 9 Einer					
2 Zehner / 0 Einer					

* nutzen planvoll und systematisch die Struktur des Zehnersystems (Stellenwert)
* führen Zahldarstellungen ineinander über und verwenden dabei die Stellenwerttabelle
zur Darstellung der Zehnerbündelung

Das Zwanzigerfeld hilft dir!

1

10 + 3 = 13

10 + 4 =

7 + 10 =

4 + 10 =

☐ ◯ ☐ ◯ ☐

13 − 10 =

17 − 10 =

19 − 10 =

16 − 10 =

☐ ◯ ☐ ◯ ☐

4 + ☐ = 14

8 + ☐ = 18

1 + ☐ = 11

☐ ◯ ☐ ◯ ☐

16 − ☐ = 6

19 − ☐ = 9

12 − ☐ = 2

☐ ◯ ☐ ◯ ☐

2

10 + ☐ = 18

10 + ☐ = 13

☐ + ☐ = ☐

☐ + ☐ = ☐

☐ − 10 = 6

☐ − 10 = 8

☐ − ☐ = ☐

☐ − ☐ = ☐

Nachbarzahlen bestimmen

1    7   8      1 ☐   5 ☐   10 ☐   4 ☐

      17   18   11 ☐   15 ☐   20 ☐   14 ☐

2   8   9   ☐   6   ☐   1   ☐   3   ☐   2

      18   19   ☐   16   ☐   11   ☐   13   ☐   12

3   9   10   ☐   12   13   ☐   18   19   ☐   14   15   ☐

      ☐   17   18   ☐   14   15   ☐   11   12   ☐   ☐   17

4 (leere Kästchen zum Ausfüllen)

★ entdecken und beschreiben Beziehungen zwischen Zahlen
★ übertragen bisherige Kenntnisse auf den erweiterten Zahlenraum und verwenden mathematische Fachbegriffe richtig
★ erfinden Aufgaben durch Fortsetzen gegebener Aufgaben

Vorgänger und Nachfolger bestimmen

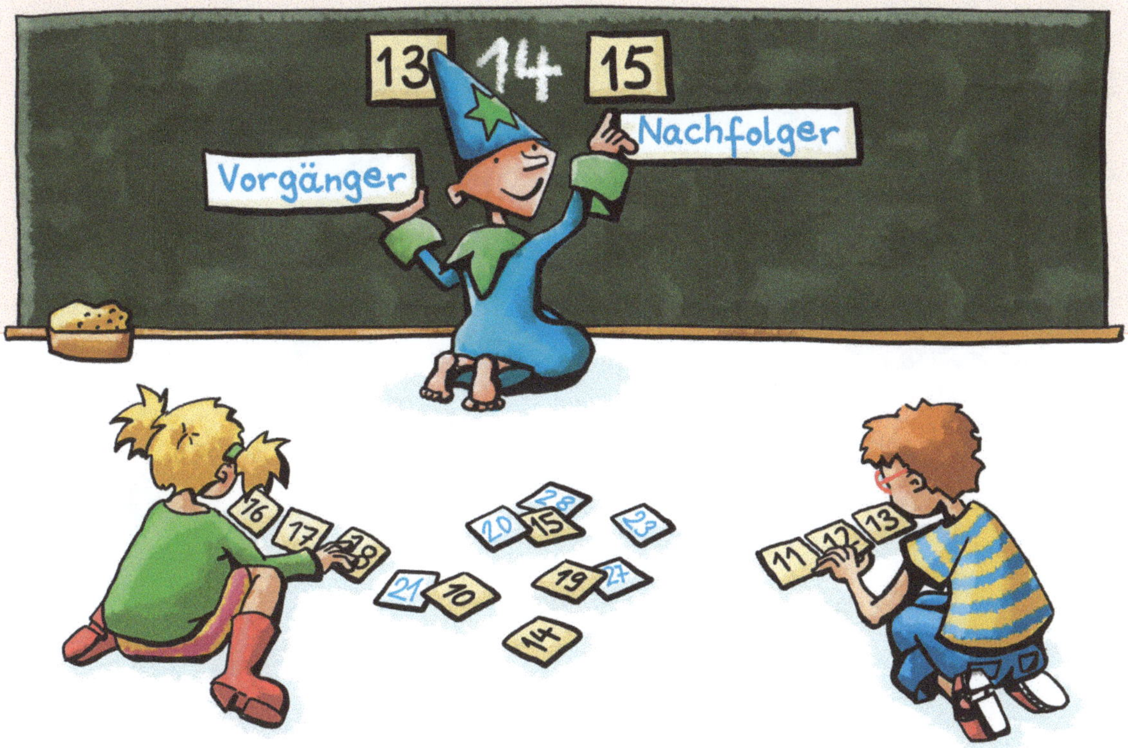

1

2

16	17	18	11		13	10		12	18		20
17		19	9		11	14		16	13		15

3

9	10	11		5			2			16	
	13			12			1			17	

4

13	14	15		19	20	8					14
		3	14					19			11

5

* entdecken und beschreiben Beziehungen zwischen Zahlen
* übertragen bisherige Kenntnisse auf den erweiterten Zahlenraum und verwenden mathematische Fachbegriffe richtig
* erfinden Aufgaben durch Fortsetzen gegebener Aufgaben

1

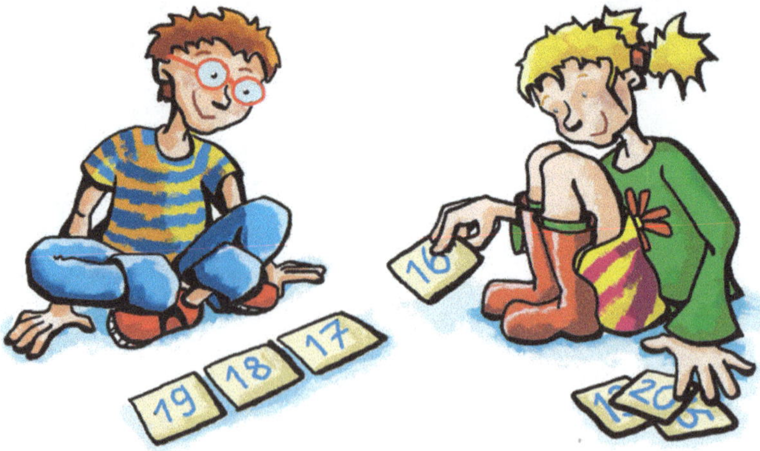

2

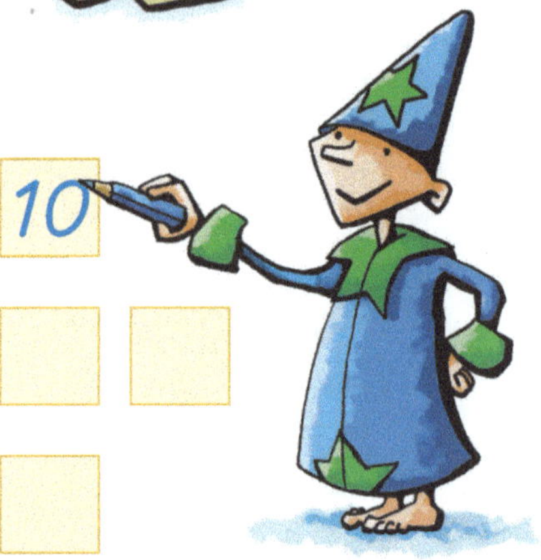

17	16		14				10	
			6		4	3		
		10			13	14		
15		13				9		
17		15					9	
14			11			8		
8				13				

3

★ orientieren sich im Zahlenraum über das Darstellen von Zahlenreihen
★ erfinden Aufgaben mit gleicher Struktur
★ bearbeiten Aufgabenstellungen gemeinsam, kooperieren und kommunizieren

1

18

20   18   14

5   1

15   11   7

11   13   15

9

1   2

17   15

18   14   16   20

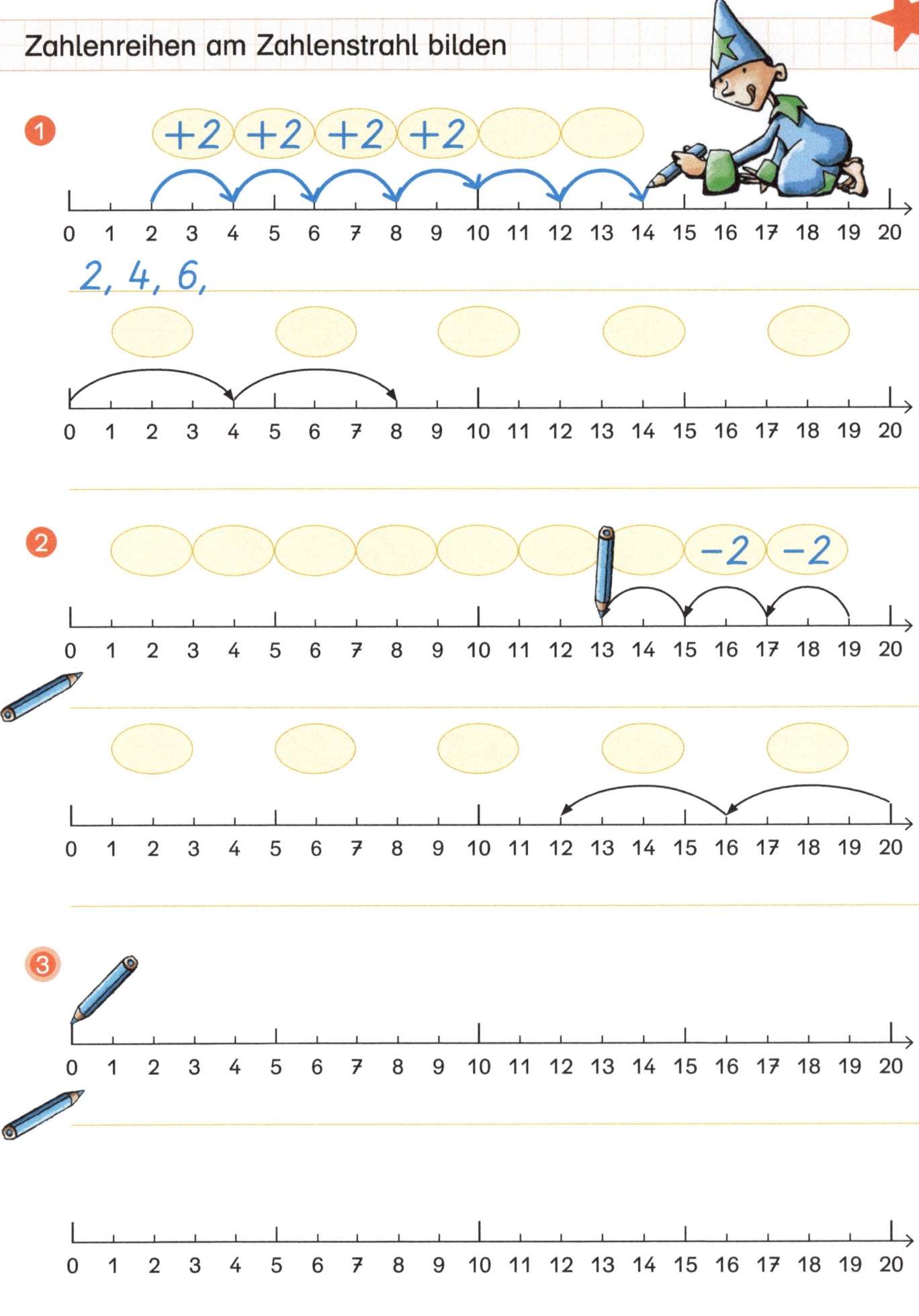

1

+2 +2 +2 +2

2, 4, 6,

2

−2 −2

3

★ zählen vorwärts und rückwärts in Schritten
★ erfinden Aufgaben mit gleicher Struktur

Besondere Zahlenreihen fortsetzen

1

2

+2

| 2 | 4 | 6 | | | | 14 |

| 20 | 18 | | | | 8 |

| 3 | 6 | 9 | | | 21 | 24 | 27 |

| 18 | | | 9 | | 3 |

3

Passende Zahlen finden

1

12 ist kleiner als 15.

12 < 15

21   25   32   27   30

2

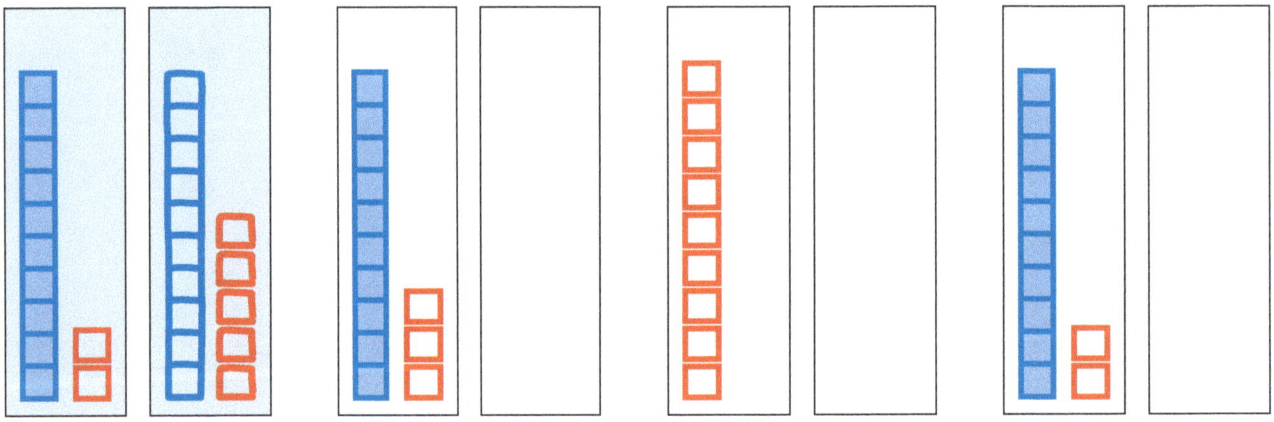

| 12 < 15 | 13 > ☐ | 9 < ☐ | 12 > ☐ |

18 > ☐	10 < ☐	☐ > 13
20 > ☐	14 > ☐	☐ < 15
11 > ☐	16 < ☐	☐ > 8
9 < ☐	12 > ☐	☐ < 19
18 < ☐	17 < ☐	☐ > 19

★ beschreiben Beziehungen zwischen Zahlen und verwenden dabei geeignete mathematische Zeichen
★ übertragen bisherige Kenntnisse und Vorgehensweisen auf den erweiterten Zahlenraum
★ lösen Aufgaben gemeinsam, kooperieren und kommunizieren

20

Das passende Zeichen einsetzen

1

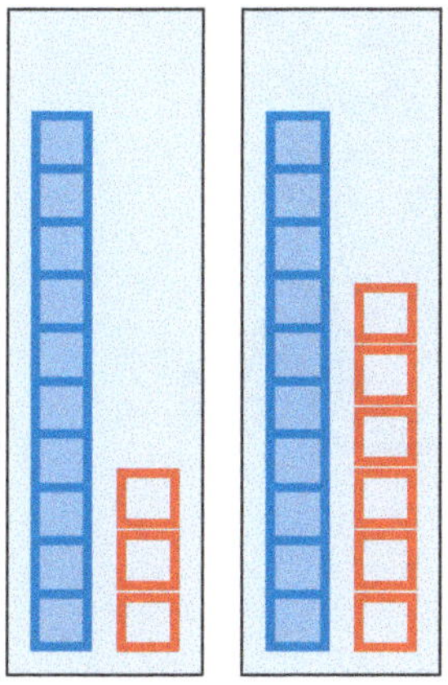

$13 < 16$

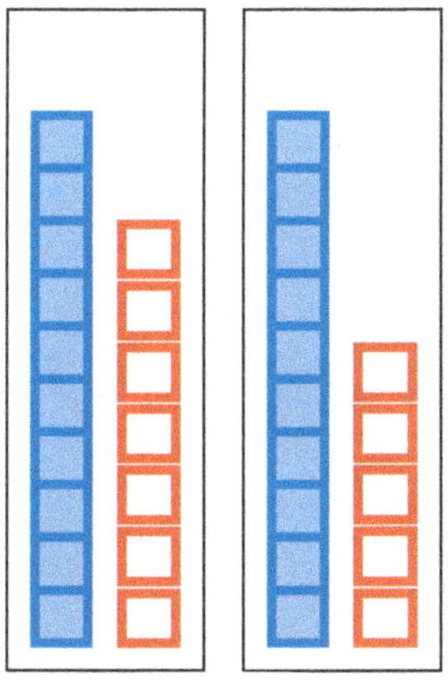

17 ◯ ▢

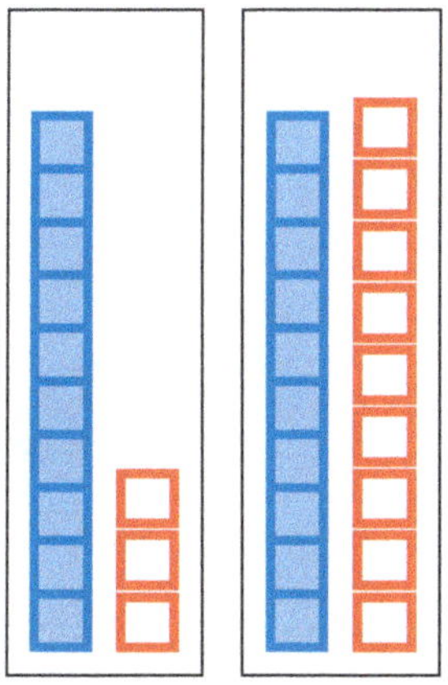

▢ ◯ ▢

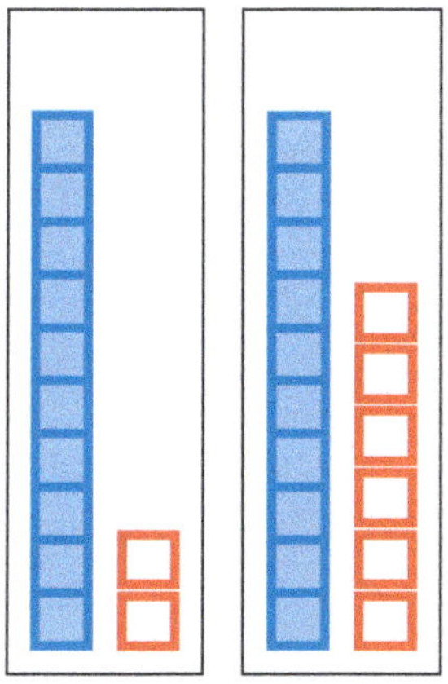

▢ ◯ ▢

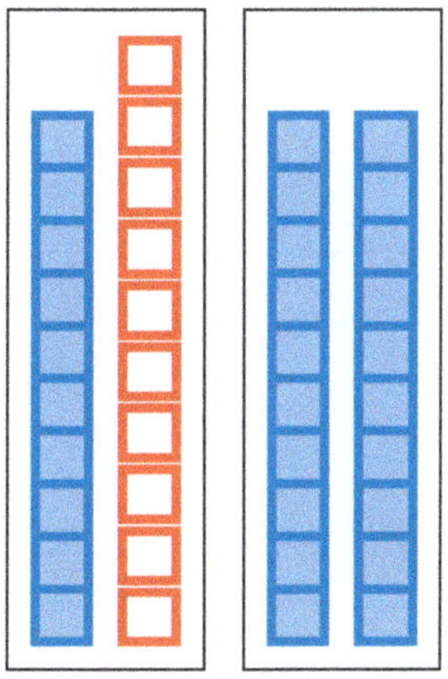

▢ = ▢

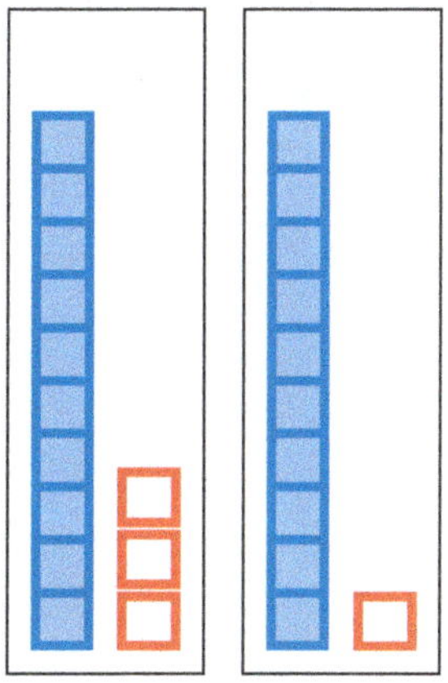

▢ ◯ ▢

2

$13 < 18$	10 ◯ 8	8 ◯ 12
19 ◯ 20	15 ◯ 19	15 ◯ 17
11 ◯ 15	18 ◯ 20	18 ◯ 16
14 ◯ 8	17 ◯ 15	11 ◯ 14
12 ◯ 16	19 ◯ 16	19 ◯ 17

⋆ beschreiben Beziehungen zwischen Zahlen und verwenden dabei geeignete mathematische Zeichen
⋆ wenden bereits vorhandene mathematische Kenntnisse, Fähigkeiten und Fertigkeiten auf den erweiterten Zahlenraum an

2

>10 größer als 10	<15 kleiner als 15	>13 größer als 13

3

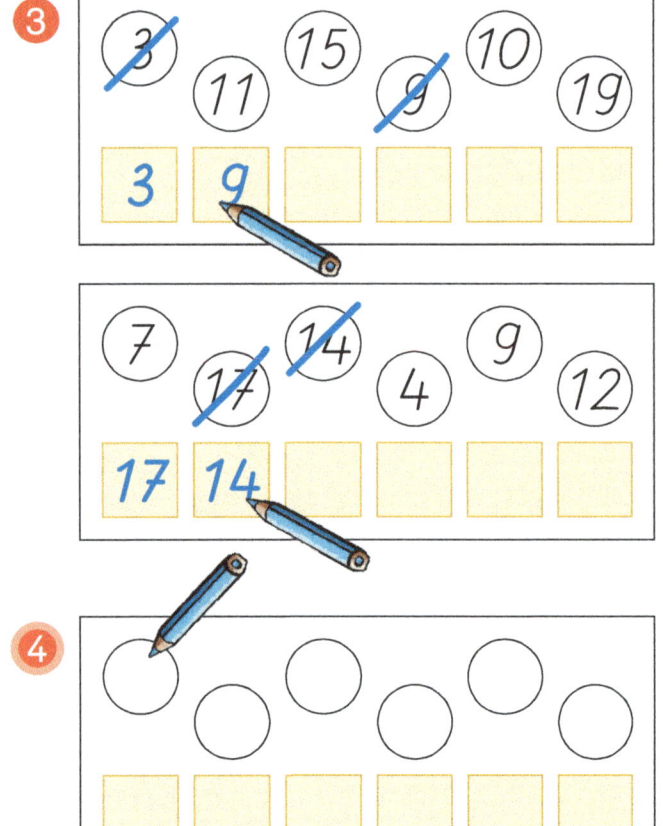

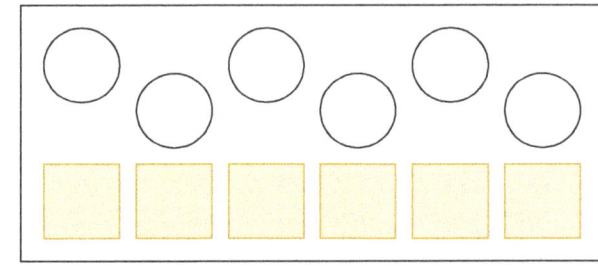

4

★ orientieren sich im Zahlenraum durch Ordnen und Vergleichen von Zahlen
★ bearbeiten Aufgabenstellungen gemeinsam, kooperieren und kommunizieren
★ erfinden Aufgaben zu vorgegebenen Strukturen

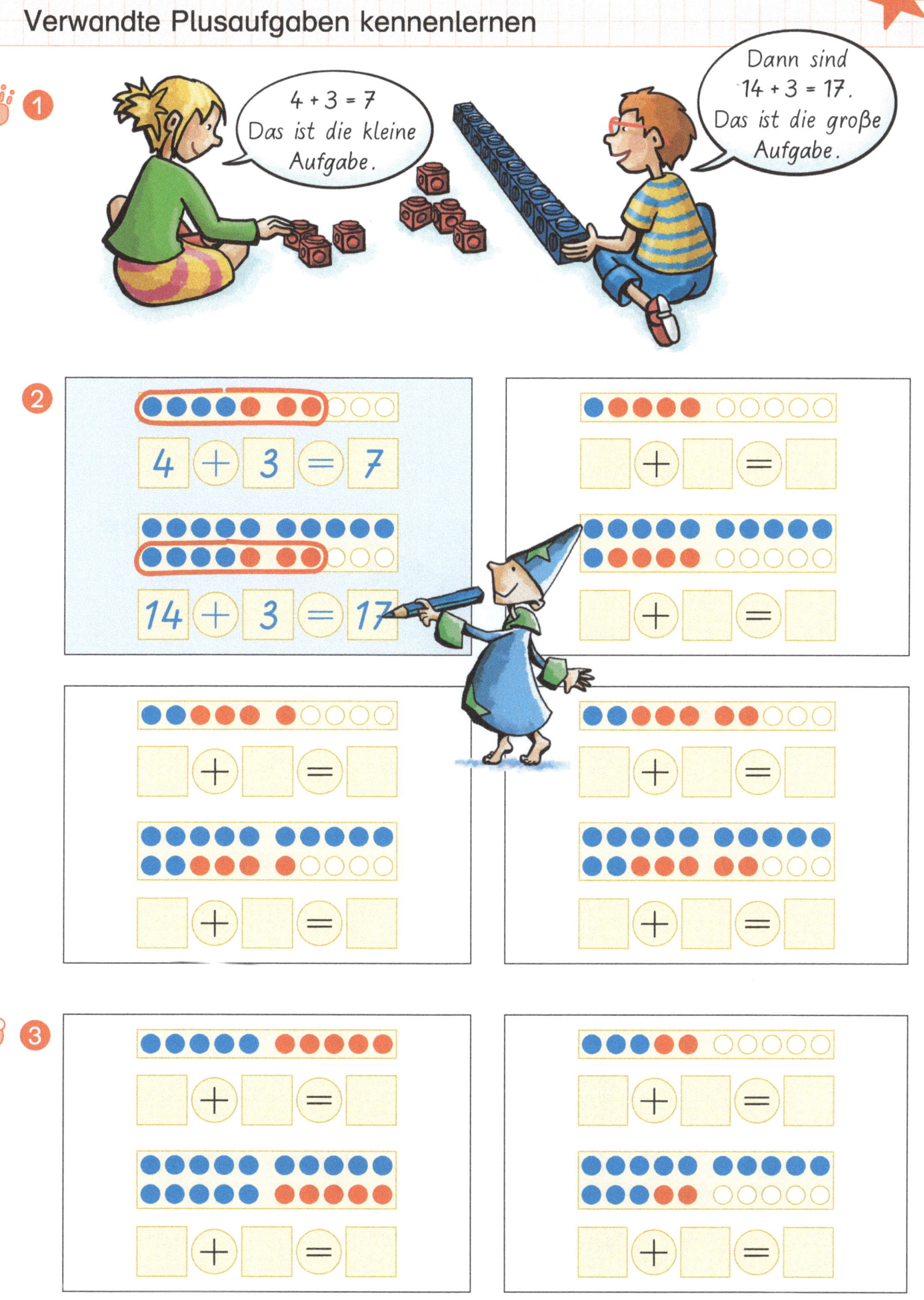

Verwandte Minusaufgaben kennenlernen

1

> 6 − 2 = 4
> Das ist die kleine Aufgabe.

> Dann sind 16 − 2 = 14.
> Das ist die große Aufgabe.

2

6 − 2 = 4

16 − 2 = 14

☐ − ☐ = ☐

☐ − ☐ = ☐

☐ − ☐ = ☐

☐ − ☐ = ☐

☐ − ☐ = ☐

☐ − ☐ = ☐

3

☐ − ☐ = ☐

☐ − ☐ = ☐

☐ − ☐ = ☐

☐ − ☐ = ☐

 ★ nutzen die Rechenstrategie analoge Aufgaben
★ begründen Zahlbeziehungen bei analogen Aufgaben

1

2 + 4 = 6

12 + 4 = 16

4 + 4 = ☐

14 + 4 = ☐

3 + 5 = ☐   2 + 7 = ☐   2 + 3 = ☐

13 + 5 = ☐   12 + 7 = ☐   12 + 3 = ☐

7 − 3 = ☐   9 − 4 = ☐   5 − 4 = ☐

17 − 3 = ☐   19 − 4 = ☐   15 − 4 = ☐

8 − 5 = ☐   9 − 5 = ☐   8 − 6 = ☐

18 − 5 = ☐   19 − 5 = ☐   18 − 6 = ☐

2

3 + 4 = ☐   6 + 4 = ☐   2 + 5 = ☐

13 + 4 = ☐   16 + ☐ = ☐   ☐ + ☐ = ☐

9 − 7 = ☐   10 − 7 = ☐   8 − 4 = ☐

☐ − ☐ = ☐   ☐ − ☐ = ☐   ☐ − ☐ = ☐

3

2 + 6 = ☐   ☐ − ☐ = ☐   ☐ ○ ☐ = ☐

☐ + ☐ = ☐   ☐ − ☐ = ☐   ☐ ○ ☐ = ☐

☐ + ☐ = ☐   ☐ − ☐ = ☐   ☐ ○ ☐ = ☐

☐ + ☐ = ☐   ☐ − ☐ = ☐   ☐ ○ ☐ = ☐

1 kleine
Aufgabe: $4 + 3 = 7$

große
Aufgabe: $14 + 3 = 17$

kleine
Aufgabe: 2

große
Aufgabe: $12 + 7 = \square$

kleine
Aufgabe: _____

große
Aufgabe: $16 + 3 = \square$

kleine
Aufgabe: _____

große
Aufgabe: $13 + 5 = \square$

kleine
Aufgabe: _____

große
Aufgabe: $17 + 2 = \square$

kleine
Aufgabe: $9 - 3 = 6$

große
Aufgabe: $19 - 3 = 16$

kleine
Aufgabe: _____

große
Aufgabe: $17 - 4 = \square$

kleine
Aufgabe: _____

große
Aufgabe: $16 - 5 = \square$

kleine
Aufgabe: _____

große
Aufgabe: $18 - 6 = \square$

kleine
Aufgabe: _____

große
Aufgabe: $15 - 2 = \square$

2 kleine
Aufgabe: _____

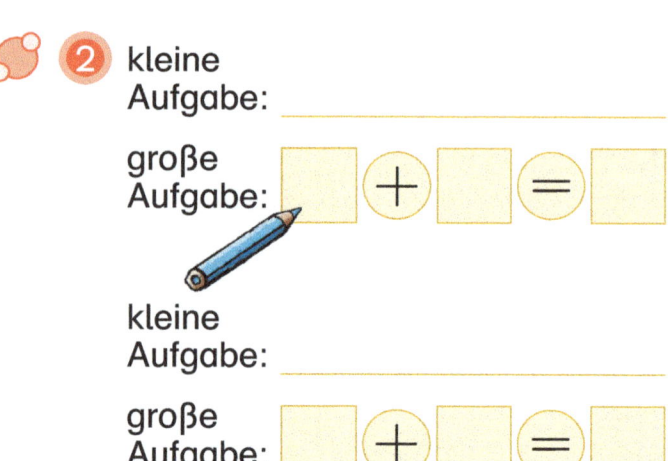

große
Aufgabe: $\square + \square = \square$

kleine
Aufgabe: _____

große
Aufgabe: $\square + \square = \square$

kleine
Aufgabe: _____

große
Aufgabe: $\square - \square = \square$

kleine
Aufgabe: _____

große
Aufgabe: $\square - \square = \square$

★ stellen ihren Rechenweg nachvollziehbar dar
★ nutzen die Rechenstrategie analoge Aufgaben
★ erfinden Aufgaben zu vorgegebenen Strukturen

Verwandte Ergänzungsaufgaben berechnen

1

$4 + 2 = 6$ $3 + \boxed{} = 6$ $4 + \boxed{} = 8$

$14 + 2 = 16$ $13 + \boxed{} = 16$ $14 + \boxed{} = 18$

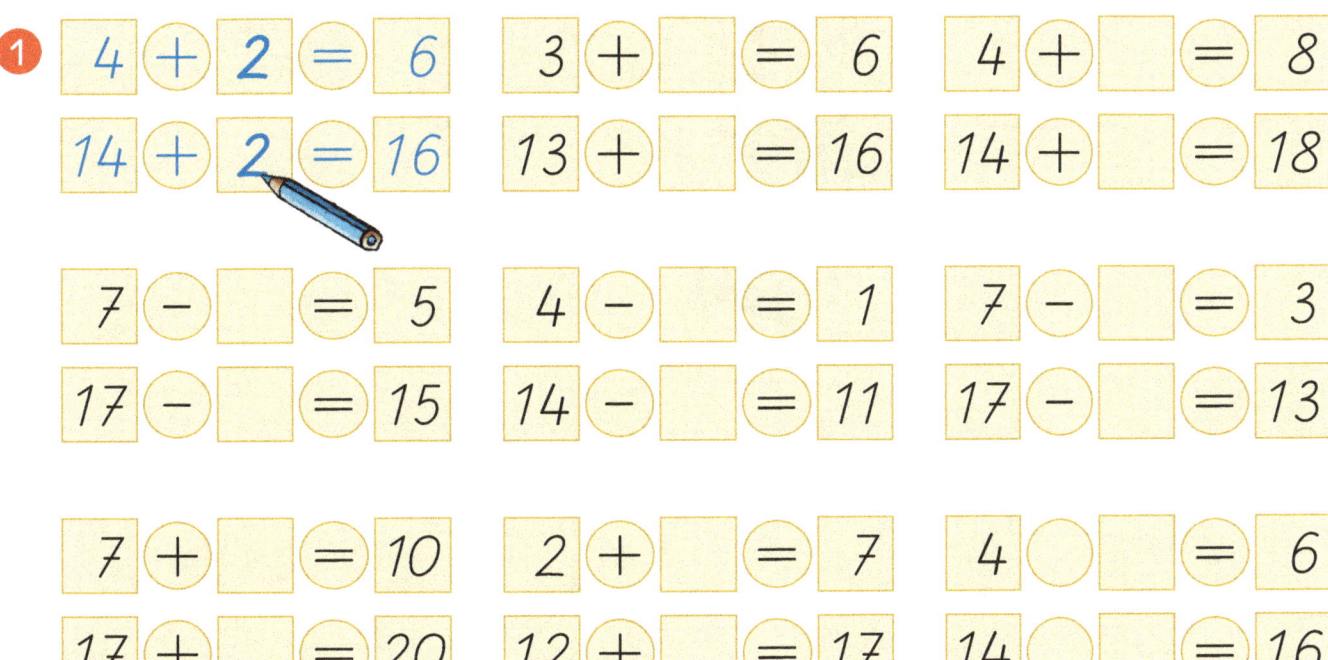

$7 - \boxed{} = 5$ $4 - \boxed{} = 1$ $7 - \boxed{} = 3$

$17 - \boxed{} = 15$ $14 - \boxed{} = 11$ $17 - \boxed{} = 13$

$7 + \boxed{} = 10$ $2 + \boxed{} = 7$ $4 \bigcirc \boxed{} = 6$

$17 + \boxed{} = 20$ $12 + \boxed{} = 17$ $14 \bigcirc \boxed{} = 16$

2 kleine Aufgabe: _____

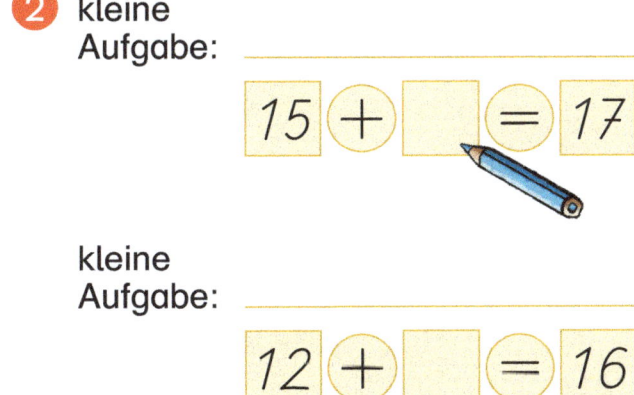

$15 + \boxed{} = 17$

kleine Aufgabe: _____

$12 + \boxed{} = 16$

kleine Aufgabe: _____

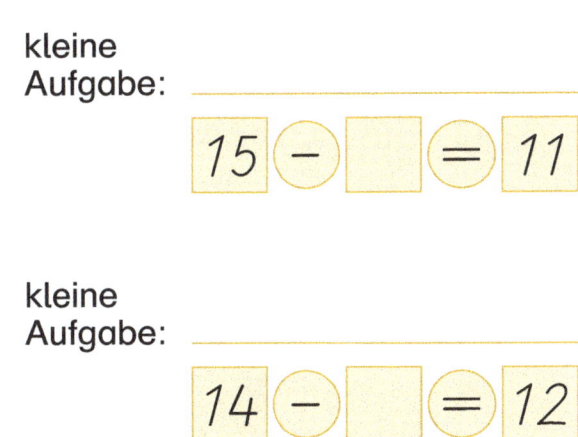

$15 - \boxed{} = 11$

kleine Aufgabe: _____

$14 - \boxed{} = 12$

3 kleine Aufgabe: _____

$\boxed{} + \boxed{} = \boxed{}$

kleine Aufgabe: _____

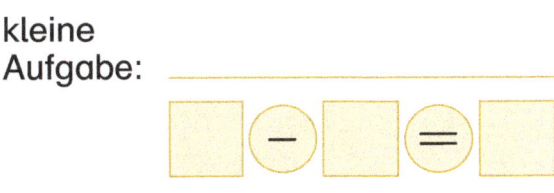

$\boxed{} - \boxed{} = \boxed{}$

★ stellen ihren Rechenweg nachvollziehbar dar
★ nutzen die Rechenstrategie analoge Aufgaben
★ erfinden Aufgaben zu vorgegebenen Strukturen

27

In Tabellen rechnen

+	2	4
3	5	
13	15	

Speech bubble:
3 + 2 = 5
13 + 2 = 15

1

+	1	3	2	4
6	7			
16	17			

+	5	4	2	6
4				
14				

−	3	5	2	6
9				
19				

−	4	3	5	7
7				
17				

2

+	2	4	3	
		10		
16				
	7			6
15				
			4	
11				

−		6	5	
	4			5
18				
		4		
19				16
10				
20	16			

★ stellen Zusammenhänge zwischen analogen Aufgaben in Tabellenform dar
★ wenden ihre vorhandenen mathematischen Kenntnisse, Fähigkeiten und Fertigkeiten bei der Bearbeitung unbekannter Aufgaben an

1

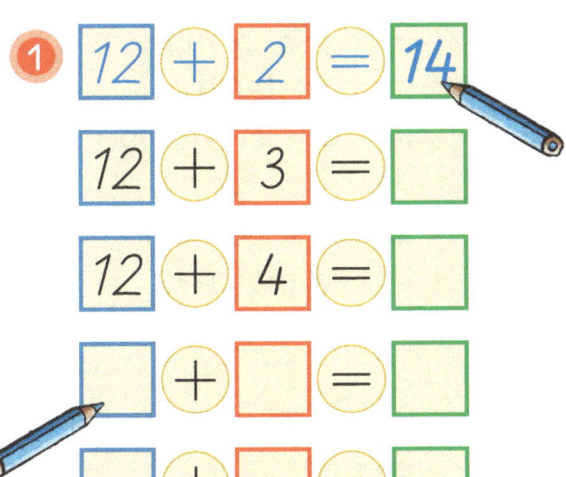

$12 + 2 = 14$

$12 + 3 = \square$

$12 + 4 = \square$

$\square + \square = \square$

$\square + \square = \square$

☐ (blau)
○ immer eins mehr
✕ immer gleich
○ immer eins weniger

☐ (orange)
○ immer eins mehr
○ immer gleich
○ immer eins weniger

☐ (grün)
○ immer eins mehr
○ immer gleich
○ immer eins weniger

2

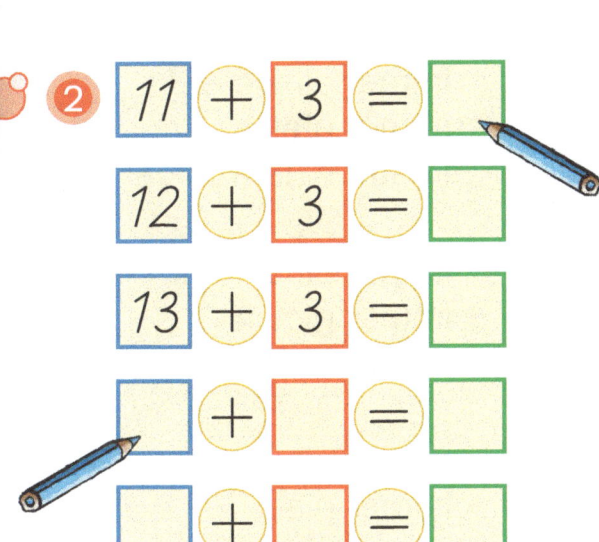

$11 + 3 = \square$

$12 + 3 = \square$

$13 + 3 = \square$

$\square + \square = \square$

$\square + \square = \square$

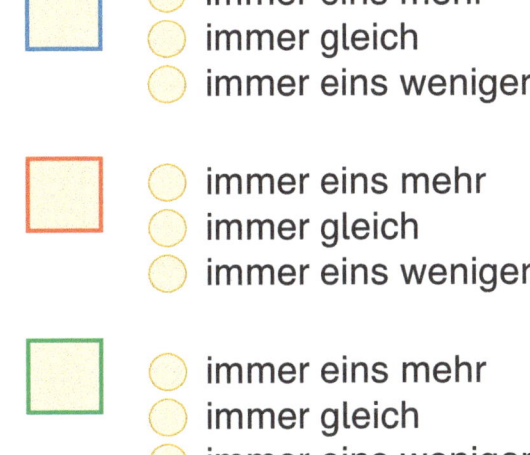

☐ (blau)
○ immer eins mehr
○ immer gleich
○ immer eins weniger

☐ (orange)
○ immer eins mehr
○ immer gleich
○ immer eins weniger

☐ (grün)
○ immer eins mehr
○ immer gleich
○ immer eins weniger

3

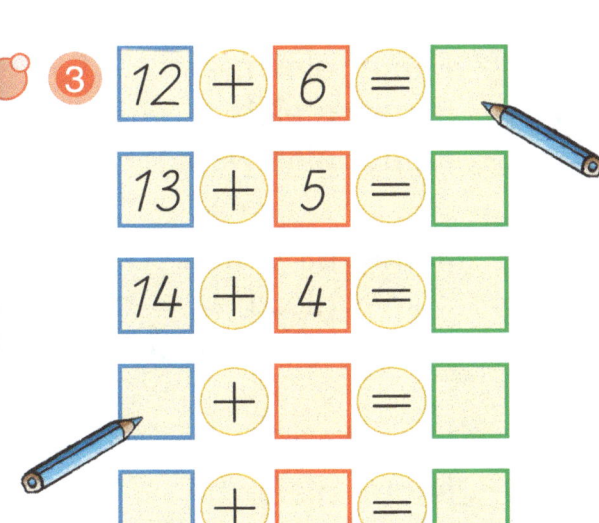

$12 + 6 = \square$

$13 + 5 = \square$

$14 + 4 = \square$

$\square + \square = \square$

$\square + \square = \square$

☐ (blau)
○ immer eins mehr
○ immer gleich
○ immer eins weniger

☐ (orange)
○ immer eins mehr
○ immer gleich
○ immer eins weniger

☐ (grün)
○ immer eins mehr
○ immer gleich
○ immer eins weniger

1

18 − 2 = ☐
18 − 3 = ☐
18 − 4 = ☐
☐ − ☐ = ☐
☐ − ☐ = ☐

☐ (blau)
- ◯ immer eins mehr
- ✗ immer gleich
- ◯ immer eins weniger

☐ (orange)
- ◯ immer eins mehr
- ◯ immer gleich
- ◯ immer eins weniger

☐ (grün)
- ◯ immer eins mehr
- ◯ immer gleich
- ◯ immer eins weniger

2

19 − 4 = ☐
18 − 4 = ☐
17 − 4 = ☐
☐ − ☐ = ☐
☐ − ☐ = ☐

☐ (blau)
- ◯ immer eins mehr
- ◯ immer gleich
- ◯ immer eins weniger

☐ (orange)
- ◯ immer eins mehr
- ◯ immer gleich
- ◯ immer eins weniger

☐ (grün)
- ◯ immer eins mehr
- ◯ immer gleich
- ◯ immer eins weniger

3

13 − 2 = ☐
14 − 3 = ☐
15 − 4 = ☐
☐ − ☐ = ☐
☐ − ☐ = ☐

☐ (blau)
- ◯ immer eins mehr
- ◯ immer gleich
- ◯ immer eins weniger

☐ (orange)
- ◯ immer eins mehr
- ◯ immer gleich
- ◯ immer eins weniger

☐ (grün)
- ◯ immer eins mehr
- ◯ immer gleich
- ◯ immer eins weniger

★ stellen Vermutungen über mathematische Zusammenhänge an und überprüfen diese durch Fortsetzen der Aufgabenreihen

1

16

13 ⊕ 3

□ ○ □

□ ○ □

□ ○ □

□ ○ □

17

□ ○ □

□ ○ □

□ ○ □

□ ○ □

□ ○ □

18

□ ○ □

□ ○ □

□ ○ □

□ ○ □

19

□ ○ □

□ ○ □

□ ○ □

□ ○ □

□ ○ □

13 ⊕ 3	11 ⊕ 7	19 ⊖ 3	20 ⊖ 4
20 ⊖ 1	16 ⊕ 2	14 ⊕ 3	11 ⊕ 5
19 ⊖ 1	12 ⊕ 7	20 ⊖ 3	17 ⊕ 2
12 ⊕ 5	20 ⊖ 2	13 ⊕ 6	18 ⊖ 1
15 ⊕ 4	14 ⊕ 2	19 ⊖ 2	15 ⊕ 3

★ wenden die Zahlensätze des Einspluseins bis 20 und deren Umkehrungen an
★ wenden ihre vorhandenen mathematischen Kenntnisse, Fähigkeiten und Fertigkeiten bei der Bearbeitung unbekannter Aufgaben an

Mit dem Spiegel verdoppeln

1

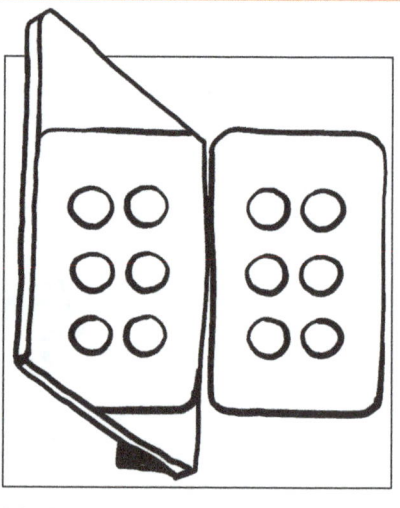

$2 + 2 = 4$

☐ + ☐ = ☐

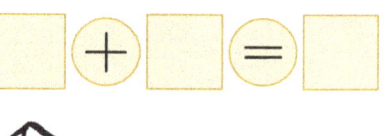

☐ + ☐ = ☐

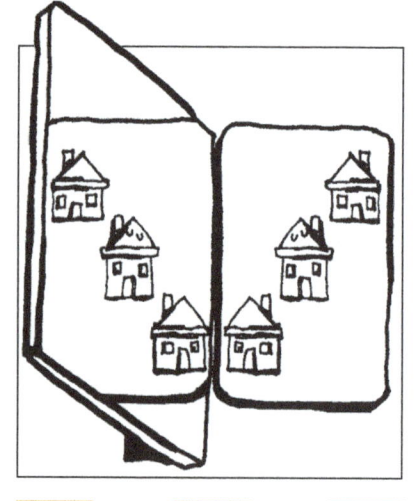

☐ + ☐ = ☐

☐ + ☐ = ☐

☐ + ☐ = ☐

2

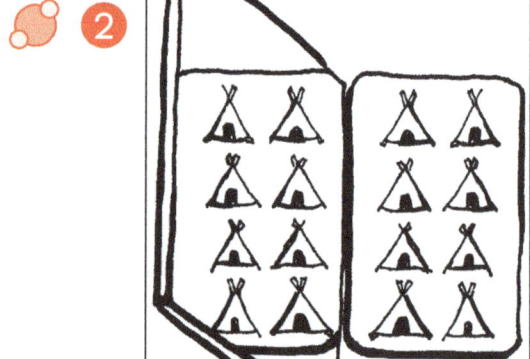

☐ + ☐ = ☐

☐ + ☐ = ☐

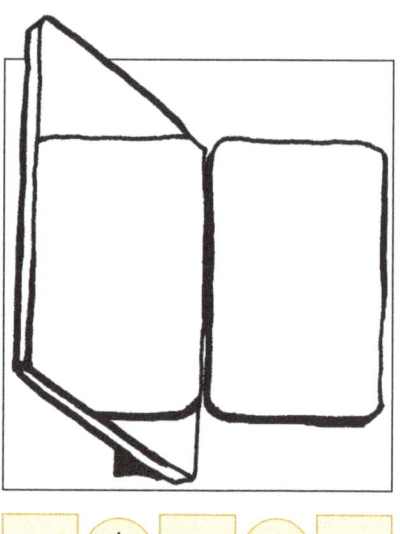

☐ + ☐ = ☐

32

* übertragen eine Darstellungsform in eine andere
* entdecken und beschreiben Beziehungen zwischen Zahlen (verdoppeln)
* erfinden Aufgaben zu vorgegebenen Strukturen

1

Das Doppelte von 3 ist 6.

3 + 3 = 6

2

3 + 3 = 6

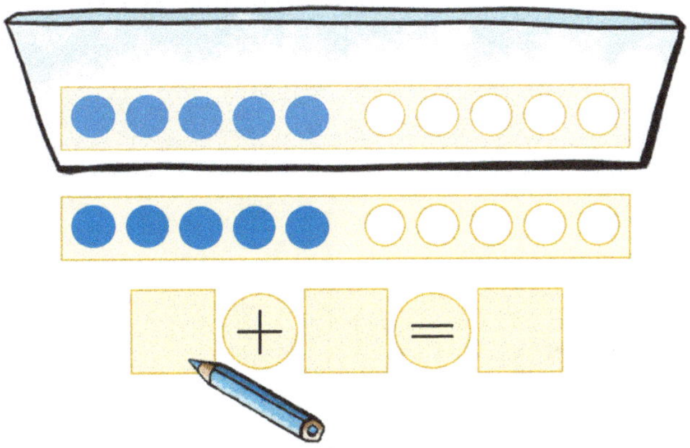

☐ + ☐ = ☐

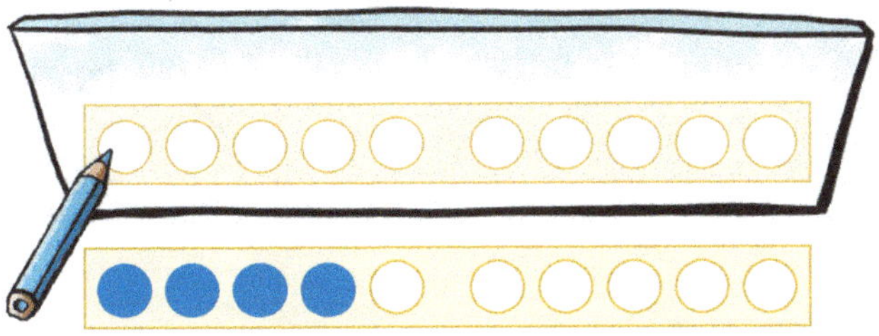

☐ + ☐ = ☐

☐ + ☐ = ☐

☐ + ☐ = ☐

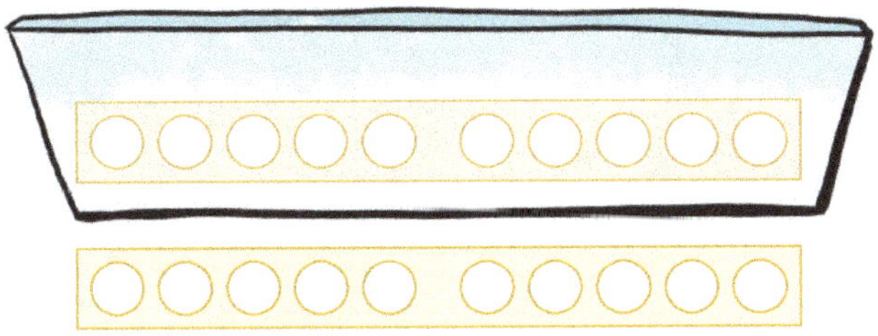

☐ + ☐ = ☐

3

Zahl	1	4	9	6	2	8	10	3	5	7
das Doppelte	2									

★ übertragen eine Darstellungsform in eine andere
★ entdecken und beschreiben Beziehungen zwischen Zahlen (verdoppeln)
★ erfinden Aufgaben zu vorgegebenen Strukturen

33

Muster verdoppeln

1

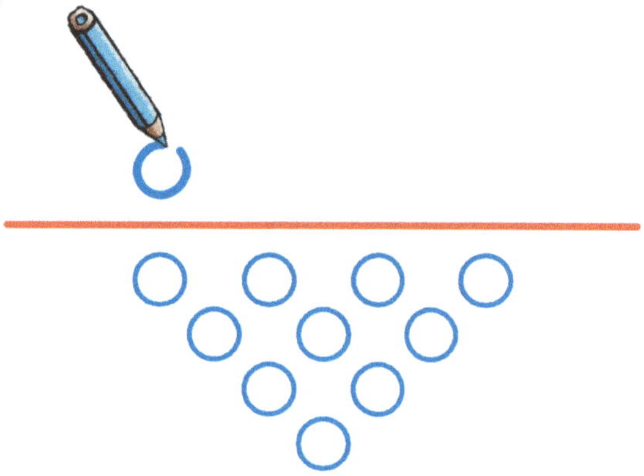

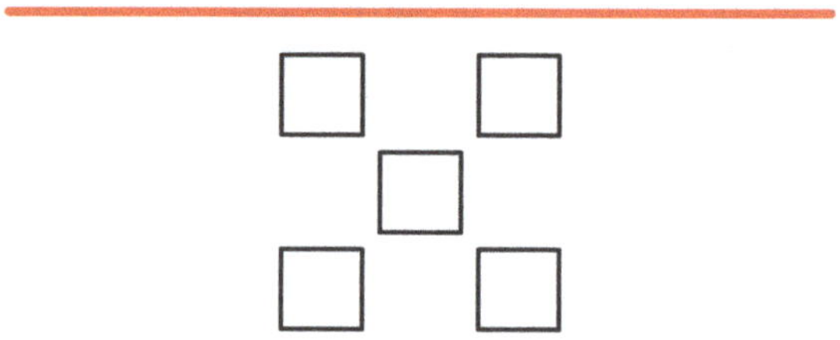

+ =

+ =

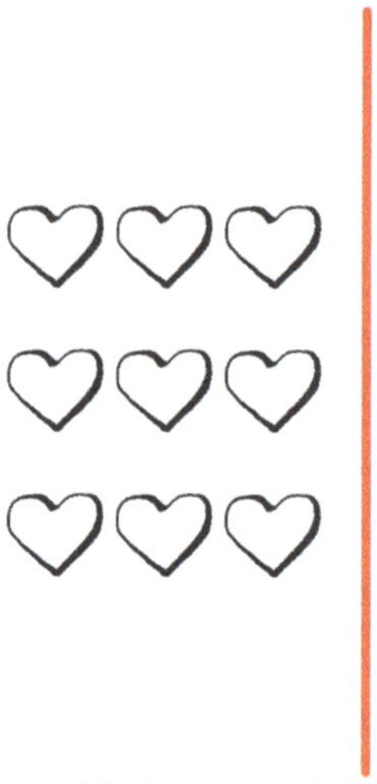

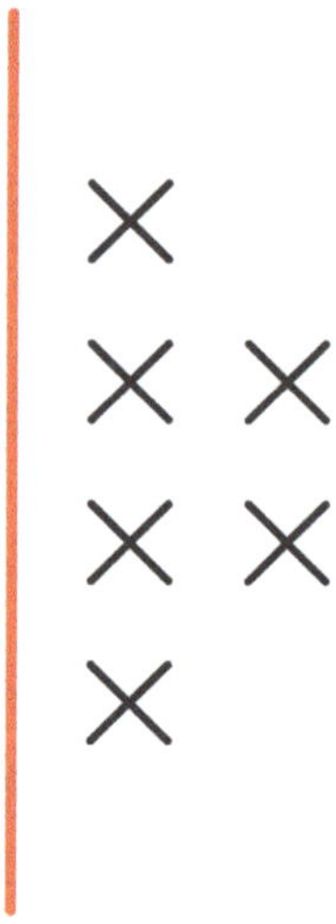

+ =

+ =

2

+ =

+ =

* wenden bereits vorhandene mathematische Kenntnisse, Fähigkeiten und Fertigkeiten an
* erfinden Aufgaben zu vorgegebenen Strukturen

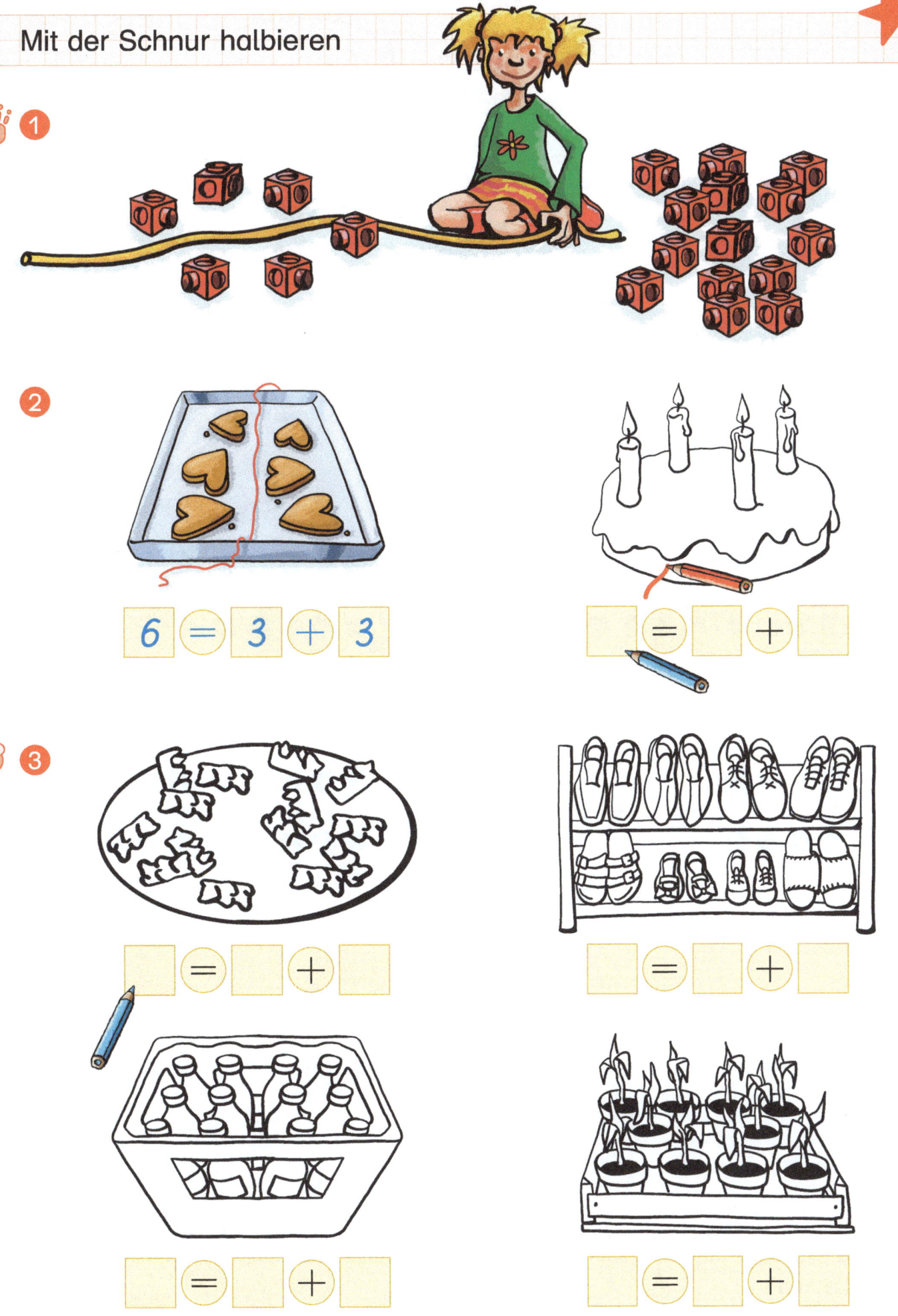

2

$6 = 3 + 3$

☐ = ☐ + ☐

3

☐ = ☐ + ☐

☐ = ☐ + ☐

☐ = ☐ + ☐

☐ = ☐ + ☐

Zahlen halbieren

Die Hälfte von 6 ist 3.

1

2

$$6 = 3 + 3$$

$$\square = \square + \square$$

$$\square = \square + \square$$

$$\square = \square + \square$$

$$\square = \square + \square$$

$$\square = \square + \square$$

$$\square = \square + \square$$

$$\square = \square + \square$$

3

Zahl	2	14	8	16	4	20	10	6	18	12
die Hälfte	1									

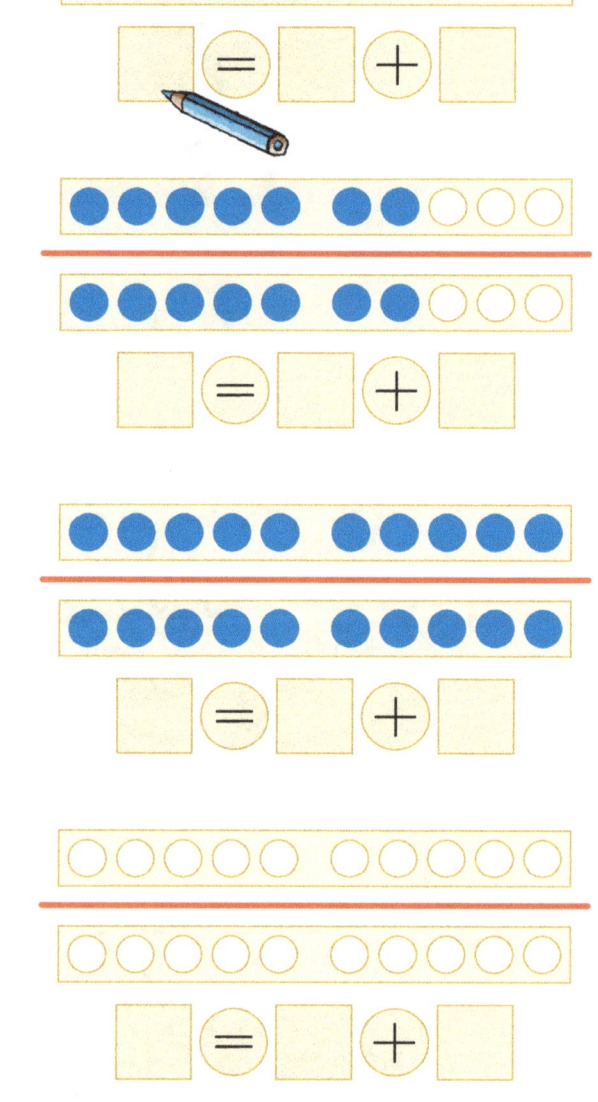

★ übertragen eine Darstellungsform in eine andere
★ entdecken und beschreiben Beziehungen zwischen Zahlen (halbieren)
★ erfinden Aufgaben zu vorgegebenen Strukturen

1

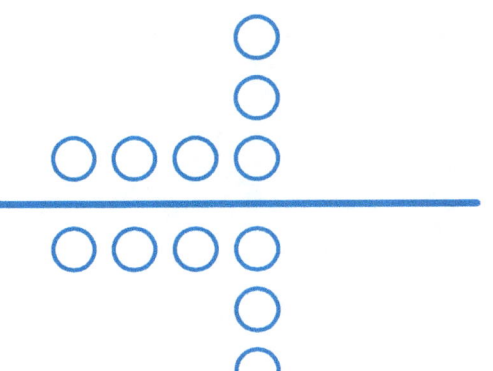

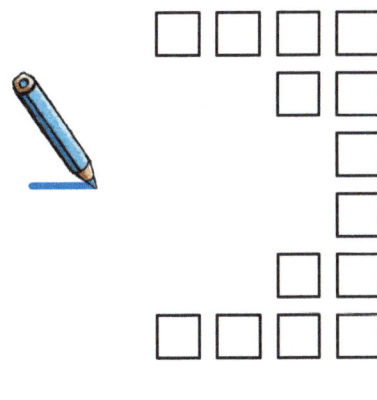

$$12 - 6 = 6$$

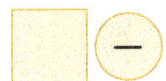

2

★ wenden bereits vorhandene mathematische Kenntnisse, Fähigkeiten und Fertigkeiten an
★ erfinden Aufgaben zu vorgegebenen Strukturen

37

8 Schuhe

4 Kinder

Kinder	1	4	7	2	5	10	8	3	9	6
Schuhe	2									

Schuhe	4	12	18	6	20	8	14	2		
Kinder	2									

38 ★ entnehmen Darstellungen der Lebenswirklichkeit relevante Informationen und übersetzen diese in die Sprache der Mathematik
★ verwenden die Darstellungsform Tabelle

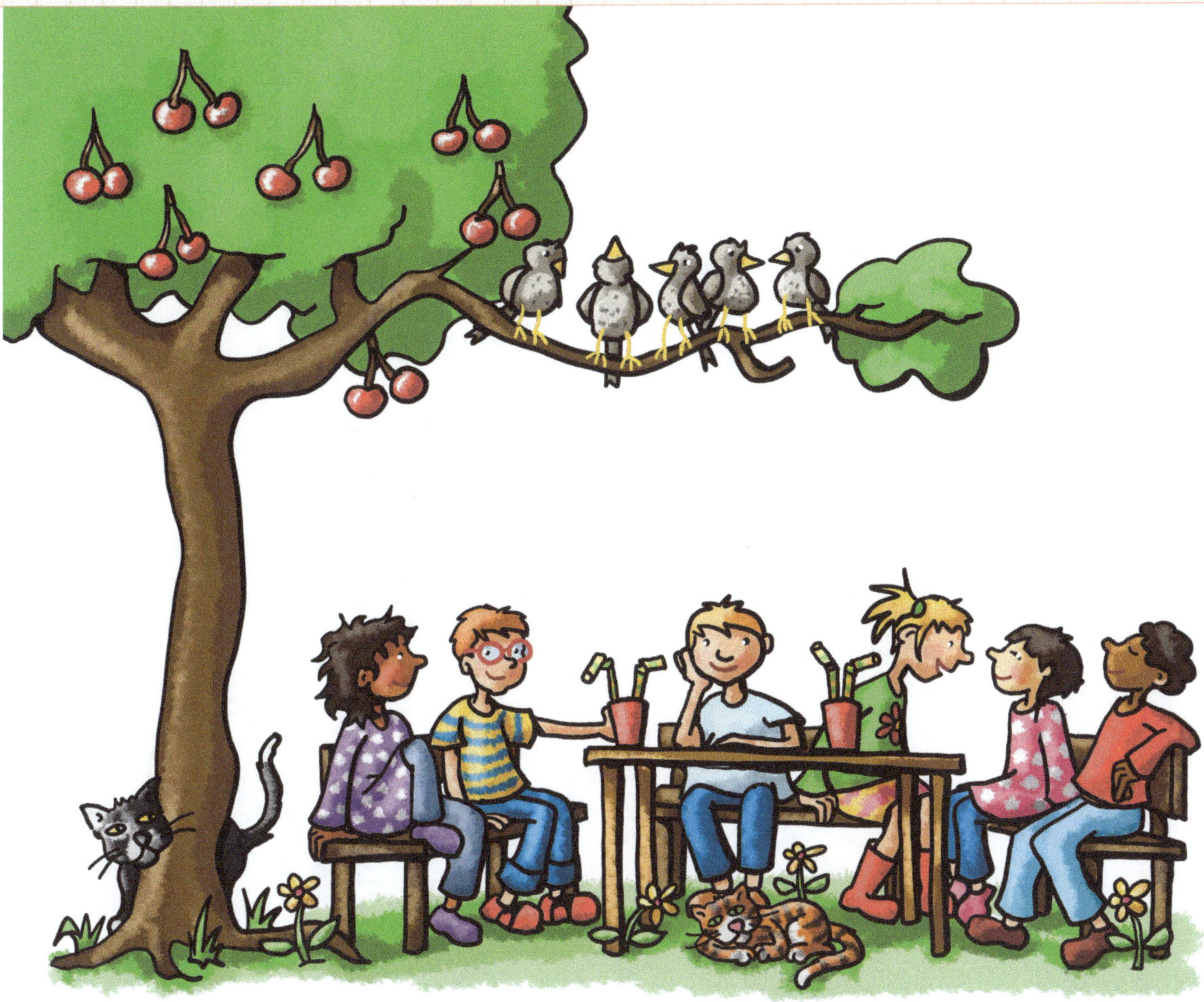

1

🌼	4
🌿	

🐱	
👁	

🍒	

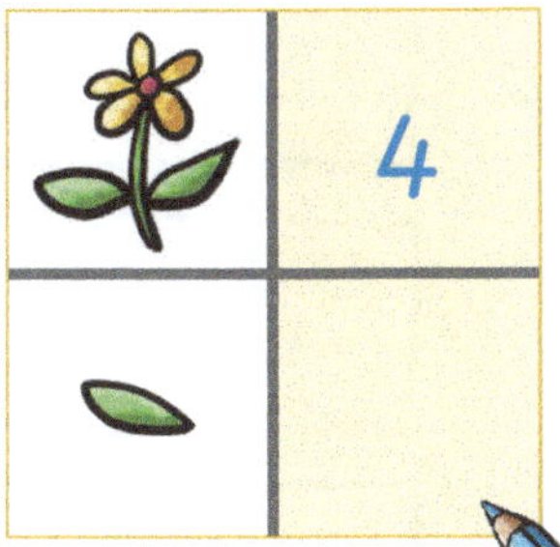

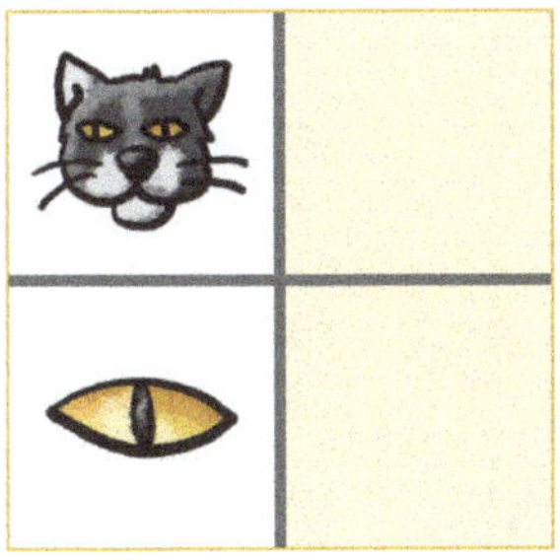

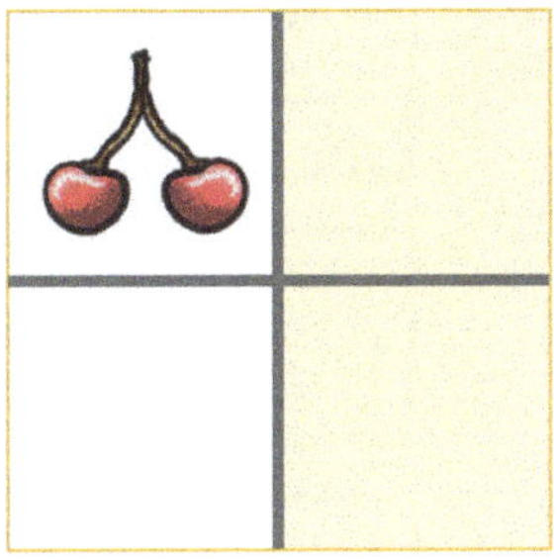

2

✏️	

⋆ entnehmen Darstellungen der Lebenswirklichkeit relevante Informationen und übersetzen diese in die Sprache der Mathematik
⋆ finden zu gegebenen mathematischen Modellen passende Problemstellungen

39

Verdoppeln und Halbieren

1 5, 10 rot   6, 12 grün   7, 14 gelb   8, 16 braun   9, 18 blau

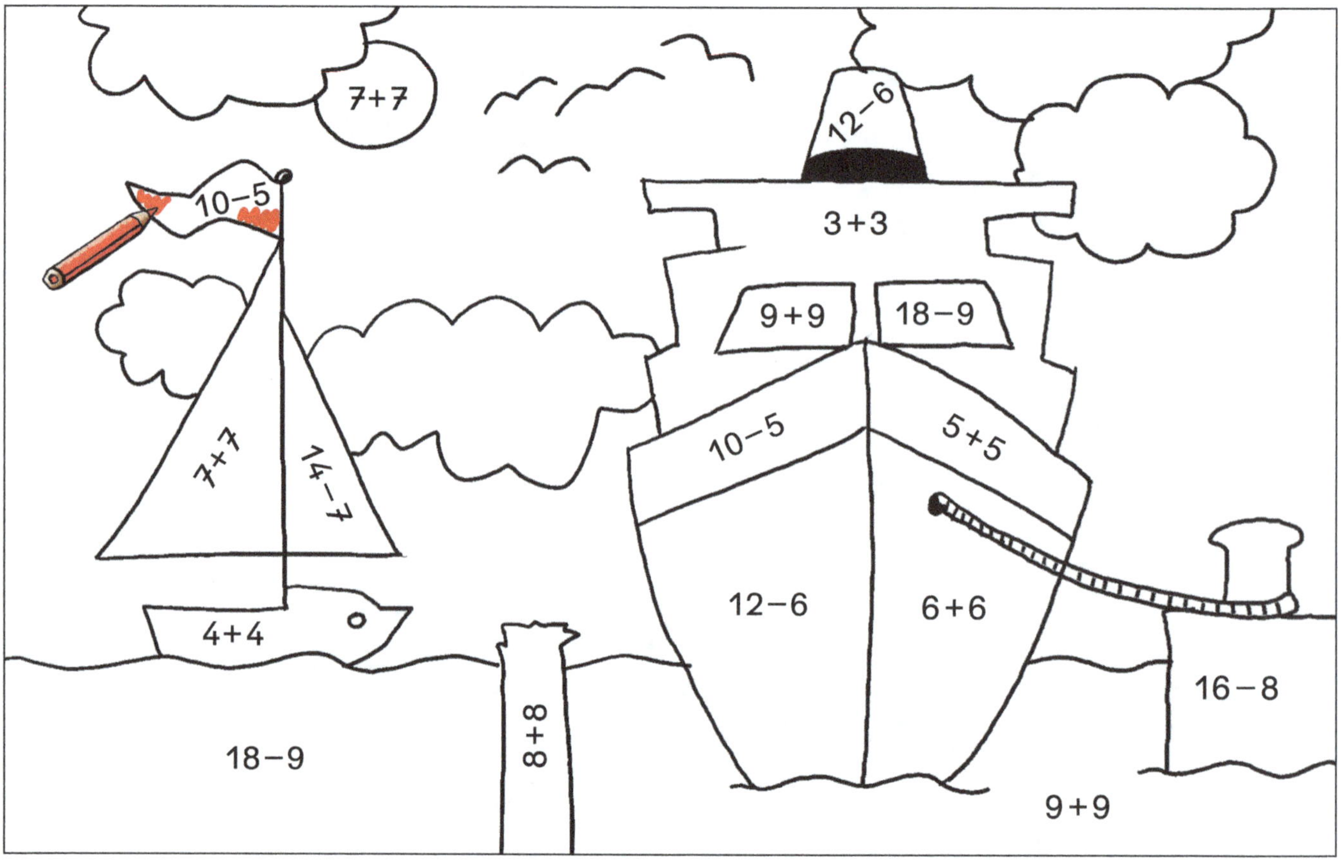

$7+7$

$12-6$

$10-5$

$3+3$

$9+9$ $18-9$

$7+7$ $14-7$

$10-5$ $5+5$

$4+4$

$12-6$ $6+6$

$18-9$

$8+8$

$16-8$

$9+9$

2

$2 \oplus 2$ 10 $8 - 4$

$4 \oplus $ 6 $16 - $

$3 \oplus $ 8 $20 - $

$1 \oplus $ 4 $12 - $

$5 \oplus $ 2 $4 - $

★ begründen Beziehungen zwischen Rechenstrategien (Verdoppeln und Halbieren)

Aufgaben mit Verdoppeln und Halbieren üben

❶

$2 + 2 = \square$ $3 + 3 = \square$ $10 + 10 = \square$

$6 + 6 = \square$ $7 + 7 = \square$ $4 + 4 = \square$

$8 + 8 = \square$ $5 + 5 = \square$ $9 + 9 = \square$

❷

$12 - 6 = \square$ $14 - 7 = \square$ $10 - 5 = \square$

$18 - 9 = \square$ $20 - 10 = \square$ $16 - 8 = \square$

$4 - 2 = \square$ $8 - 4 = \square$ $6 - 3 = \square$

❸

$6 + 6$ $10 + 10$ $\square + \square$

$8 + 8$ $9 + 9$

| 6 | 7 | 8 | 9 | 10 | 11 | 12 | 13 | 14 | 15 | 16 | 17 | 18 | 19 | 20 |

$14 - 7$ $\square - \square$ $12 - 6$

$20 - 10$ $18 - 9$

Gerade und ungerade Zahlen kennenlernen

1

8

4 | 4

9

5 |

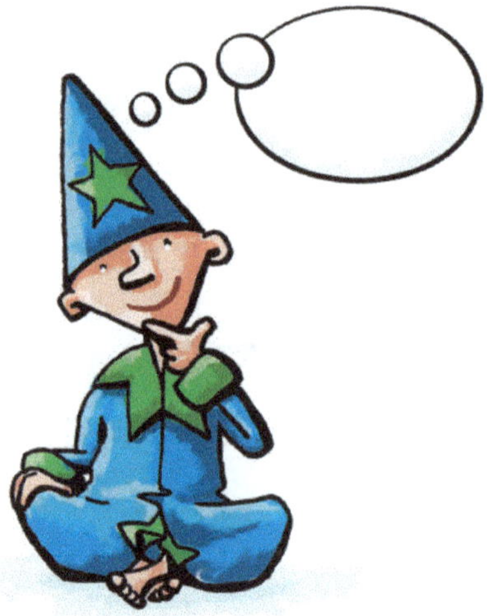

2

Gerade und ungerade Zahlen erkennen und ausmalen

1

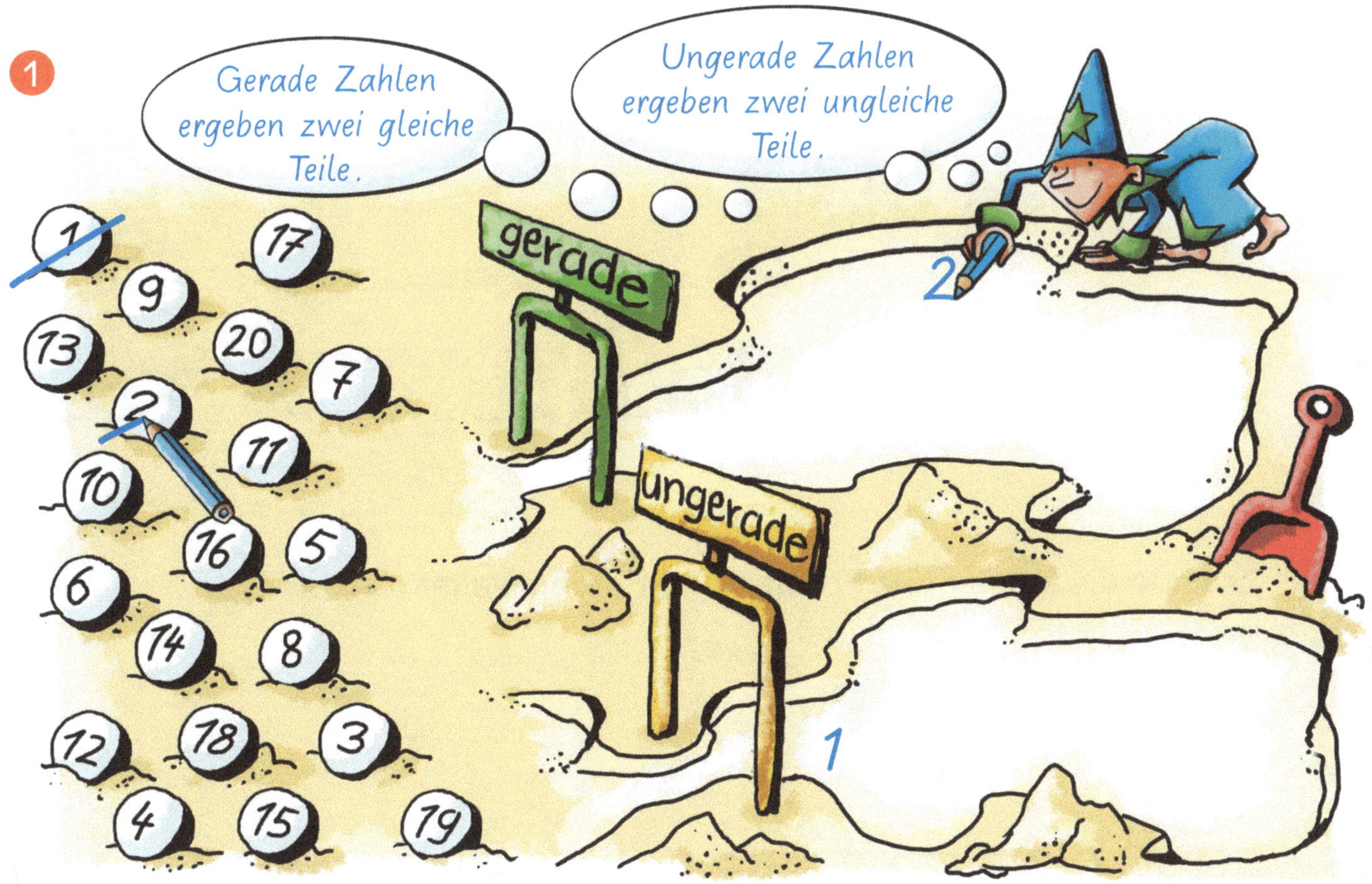
Gerade Zahlen ergeben zwei gleiche Teile.
Ungerade Zahlen ergeben zwei ungleiche Teile.
gerade
ungerade
2
1
1 17 9 13 20 7 2 11 10 16 5 6 14 8 12 18 3 4 15 19

2

1 2 3 4 5 6 7 8

9 10 11 12 13 14

15 16 17 18 19 20

3

1	2	3	4	5	6	7	8	9	10
11	12	13	14	15	16	17	18	19	20

⋆ orientieren sich im Zahlenraum durch Vergleichen und Ordnen von Zahlen und verwenden dabei mathematische Fachbegriffe richtig

 **1**

2 Zeichne die Muster aus Formen und Farben weiter.

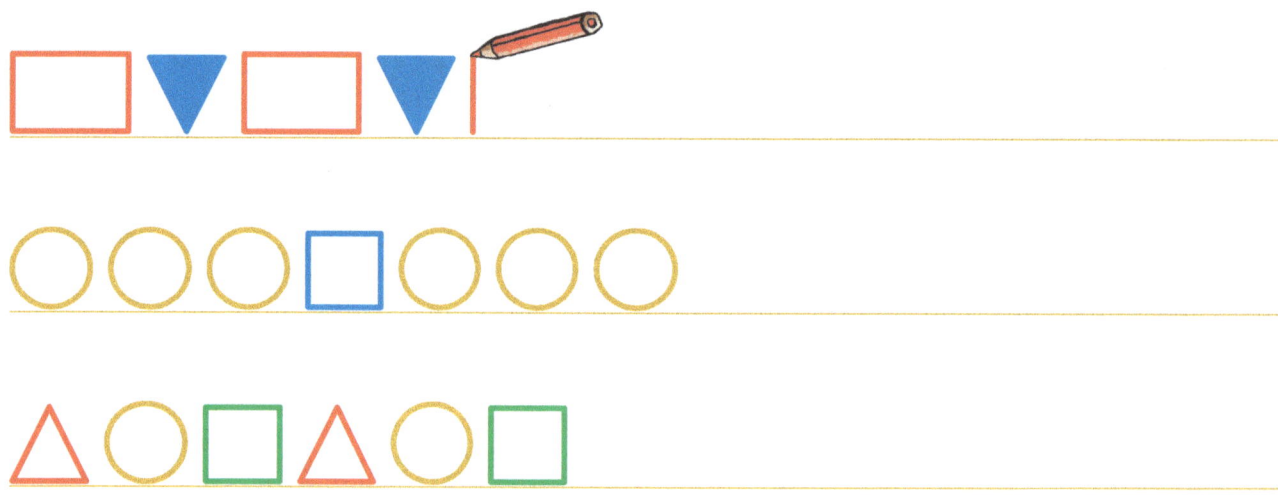

3 Erfinde Muster aus Formen.

★ bestimmen und beschreiben Gesetzmäßigkeiten in geometrischen Mustern und setzen diese fort
★ erstellen geometrische Muster aus ebenen Figuren

1 Setze die Muster fort.

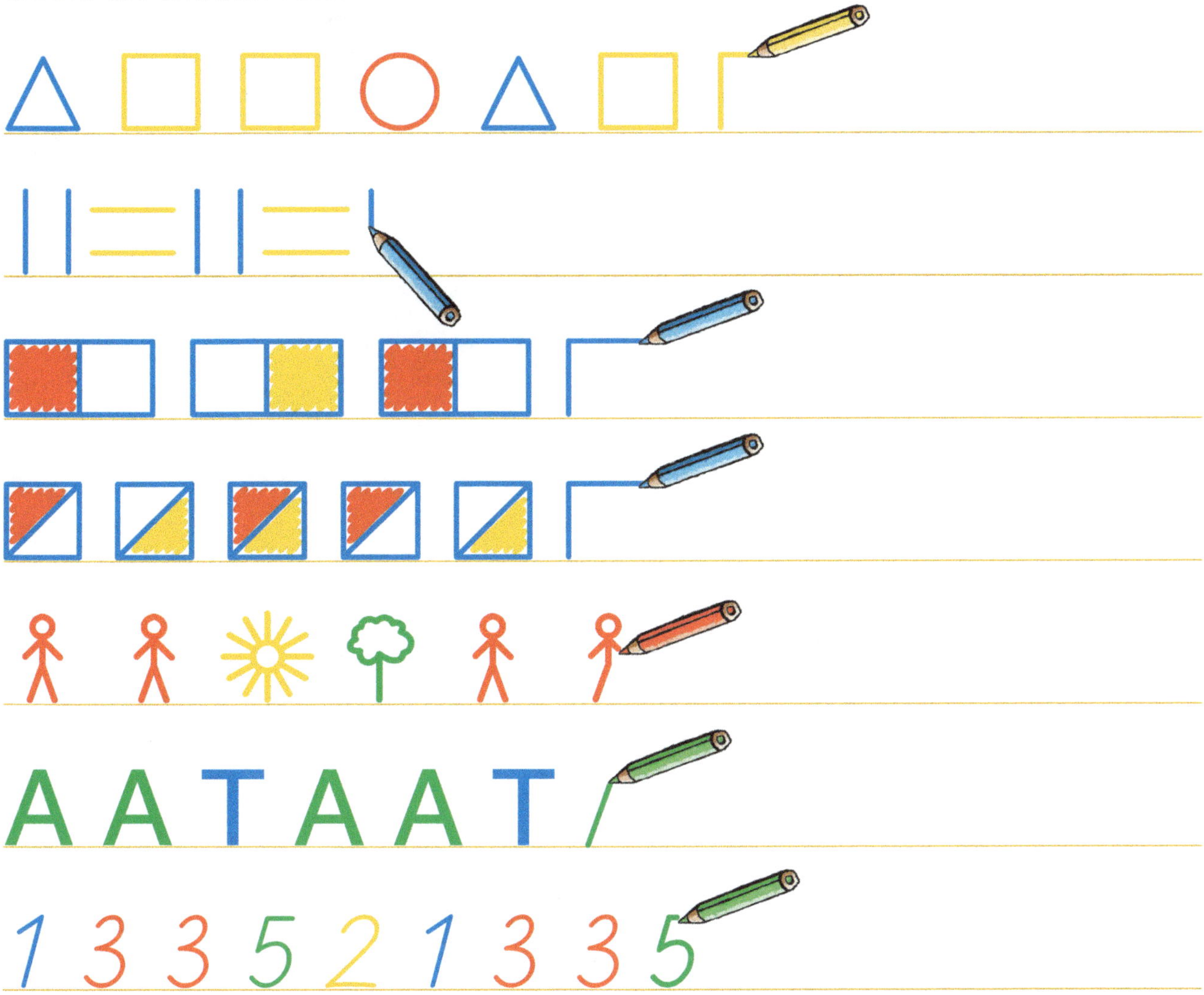

△ □ □ □ ○ △ □ ⌐

‖ = ‖ = ⌐

■ □ □ ▨ ■ □ ⌐

◸ ◿ ◸ ◸ ◿ ⌐

🧍 🧍 ☀ 🌳 🧍 🧍

A A T A A T ⌐

1 3 3 5 2 1 3 3 5

2 Finde eigene Muster. Vergleiche mit einem anderen Kind.

★ bestimmen und beschreiben Gesetzmäßigkeiten in geometrischen Mustern und setzen diese fort
★ erstellen Muster, beschreiben ihre Vorgehensweise und vergleichen die Muster
★ übertragen Vorgehensweisen auf ähnliche Sachverhalte

Fehler in Mustern finden

1 Finde Fehler.

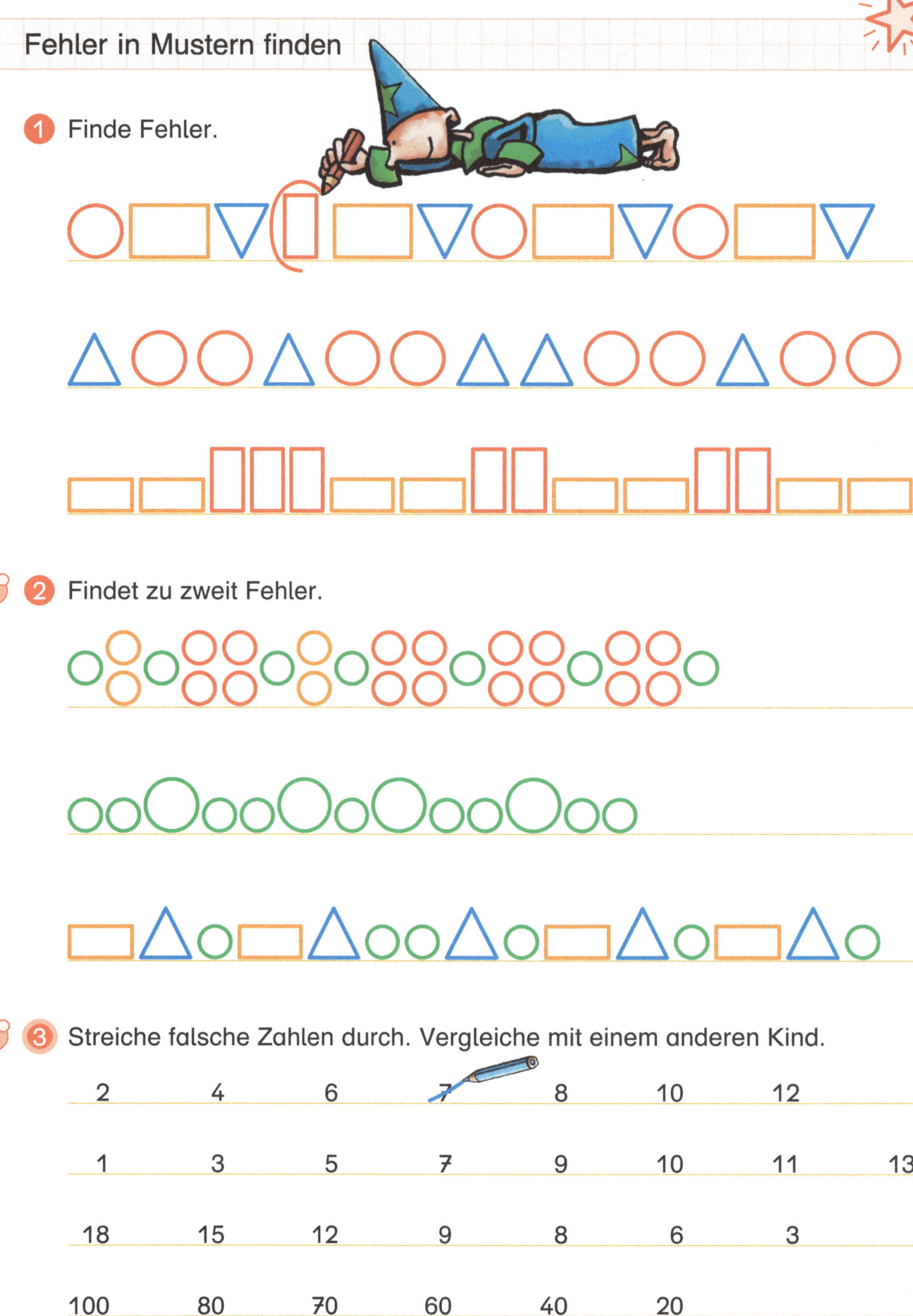

2 Findet zu zweit Fehler.

3 Streiche falsche Zahlen durch. Vergleiche mit einem anderen Kind.

2	4	6	7	8	10	12	
1	3	5	7	9	10	11	13
18	15	12	9	8	6	3	
100	80	70	60	40	20		

★ überprüfen Muster auf ihre Regelmäßigkeit und finden, erklären und korrigieren Fehler

1 Setze die Reihen fort.

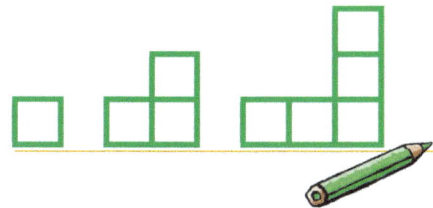

2 Wähle aus Aufgabe **1** eine Reihe aus.
Übertrage sie in Zahlen.

★ wenden mathematische Kenntnisse, Fähigkeiten und Fertigkeiten bei der Bearbeitung herausfordernder/unbekannter Aufgaben an
★ erkennen, beschreiben und begründen Muster und denken über mathematische Beziehungen nach
★ übertragen eine Darstellung in eine andere

 **1**

2 Setze die Muster fort.

3 Zeichne Muster.

Das ist
leicht:

Das ist
schwierig:

★ setzen vorgegebene Flächenmuster fort
★ erfinden selbst einfache und komplexere Flächenmuster